Ⓢ新潮新書

室谷克実
MUROTANI Katsumi

日韓がタブーにする半島の歴史

JN283972

360

新潮社

日韓がタブーにする半島の歴史●目次

第三章　国民に知らせたくない歴史がある

凡例

引用した漢文に関しては意訳を原則とし、訳文は一字分ヘッダーを下げて示した。短い引用は「漢文」〈…意訳文…〉の形式とした。数多く引用した『三国史記』については、金思燁の『完訳・三国史記』登載の漢文を、また『三国遺事』については、やはり金思燁の『完訳・三国遺事』の漢文を基本テキストとした。『三国史記』の場合は、今西龍校訂の朝鮮史学会本を部分的に照合した。中国史書は、台湾中央研究院の漢籍電子文献を多く利用した。

一般の引用は「……」を原則とした。省略がある引用は、――…文…――で示した。

朝鮮半島内の人名、地名、書籍名などについては、初出に限って現代韓国口語の発音を基準にルビをカタカナで付けた。例えば、新羅の古い国名である斯盧の古音は「シロ」とも「シュロ」とも言われるが、ここでは「サロ」とした。ルビ中で「ム」「ク」などの半角文字は子音のみの発音であることを示す。キムならＫＩＭＵではなくＫＩＭである。なお、韓国語の発音をカタカナで表記するには限界があり、あくまで参考表示である。

中国の人名、地名、書籍名などには、原則としてルビを付けていない。

新羅の国名は徐那伐（ソナボル）、斯盧（サロ）、鶏林（ケーリム）などと変遷するが、本書では便宜上、特別な場合を除いては、新羅で統一した。

その王号も居西干（コソカン）、次次雄（チャチャウン）、尼師今（ニサグム）、麻立干（マルプカン）と変わっていくが、同様に王で統一した。

読者から誤記・脱字と指摘されかねない表記のうち、原文がそうなっているものについては、傍○を付けた。注意してほしい字には傍▼▽を付けた。

引用した韓国紙の日付は、日本語版サイトへの入力日である。新聞社が記事内容を差し替えた場合は、日付がずれていることがある。

引用著作の著者肩書は、最初に引用した書籍にある肩書表示を原則とし、失礼ながら敬称は省略した。

序　章　陛下の「お言葉」ではありますが

「貴国は我が国に最も近い隣国であり、人々の交流は、史書に明らかにされる以前のはるかな昔から行われておりました。そして、貴国の人々から様々な文物が我が国に伝えられ、私共の祖先は貴国の人々から多くのことを学びました」

これは、一九九四年三月に韓国の金泳三《キムヨンサム》大統領が来日した際、天皇が宮中晩餐会で述べられた「お言葉」だ。

古代、日本列島の倭人は、朝鮮半島の人民から、稲作をはじめとする様々な先進文化を教えられることにより、国の基礎をつくり発展させてきた——日本人の〝常識中の常識〟だろう。

韓国人もまた、そう信じて疑わない。「蒙昧な倭奴《ウェノム》（日本人に対する蔑称）に、あらゆる文化・文明を教えてやったのは我々（の祖先）だ」と。

そのことを、日本の元首である〝日王《イルワン》〟（韓国の新聞は「天皇」をこう表記する）が、ようやく素直に認めた——と、韓国のマスコミには当時、こんな趣旨の論評が溢れた。

天皇の数ある対韓発言の中で、韓国側に最も歓迎された「お言葉」だったといえる。

しかし私はいま、天皇のこの「お言葉」に象徴される〝常識〟に異議を唱えたい。

倭人は半島の民族から様々なことを教えられたどころか、半島に初めて統一国家を築く新羅《シルラ》の基礎づくりを指導したのは、実は倭人・倭種であり、新羅も百済《ペクチェ》も倭国のことを〝文化大国〟として敬仰していたのだ——と。

「そんなバカな」と、日本人も韓国人も言うだろう。

「この筆者は、頭がおかしいのではないのか」と。

しかし、日本でも韓国でも今や殆んど読まれることがなくなった半島や中国の古史書を〝素直に〟読んでいくと、浮かび上がってくるのは、日本人や韓国人が抱く〝常識中の常識〟とは、およそ懸け離れた列島と半島の古代関係史の姿なのだ。

例えば、半島に伝わる最古の正史（官撰の歴史書）である『三国史記《サムグクサギ》』には、列島から流れてきた脱解《タレ》という名の賢者が長い間、新羅の国を実質的に取り仕切り、彼が四代目の王位に即《つ》くと、倭人を大輔《テーポ》（総理大臣に該当）に任命したとある。その後、脱解の子孫からは七人が新羅の王位に即き、一方で倭国《ウェグク》と戦いながらも新羅の基礎をつくっていったことが記載されているのだ。

くれぐれも誤解がないように確認しておく。『古事記』『日本書紀』など、日本の古史書の記述内容を、国粋主義的な視点から解析していけば、そういう結論になると言うのではない。

半島で、半島の史官が、半島の王の命令を受け、半島の王朝と人民のために編纂した半島の正史に、そうした内容が書いてあるのだ。

あるいは、七世紀半ばに完成した中国の正史『隋書』には、こんな一節がある。

新羅、百済皆以俀為大国、多珍物、並敬仰之、恒通使往来

〈新羅も百済も俀国を大国と見ている。優れた品々が多いためで、新羅も百済も俀国を敬仰し、常に使節が往来している〉（『隋書』は列島そのものを扱った部分では「俀」国という表記を用いている。帝紀などでは「倭」国となっている）

この部分は「俀（倭）人がそう述べている」と言うのではない。地の文章だ。『隋書』は殆んど同時代書であり、これを編纂した唐の最高級の知識人たちは、俀（倭）国－新羅、俀（倭）国－百済の関係を、こう見ていたのだ。

第三国同士の関係を語った部分とはいえ、中華思想の権化のような知識人が、そこに「敬仰」という表現を用いたことだけでも、すごいことではないか。

もちろん、古史書に記載されていれば〝歴史の事実〟というわけではない。例えば、列島から流れてきた賢者が新羅の王になる話についても、戦後日本の朝鮮史学者たちは「そんな説話は虚に決まっている」として、『三国史記』の前半部分を〝古史書の墓場〟に深く埋葬している。

しかし〝歴史の事実〟であるかどうかはさておき、「ただの古史書ではなく、一国の正史が現に、そう書いている」という〝記載の事実〟は、どこまでも重い。「そんな説話は嘘だ」「常識的にもあり得ない」などと決め付ける前に、よくよく考えてみるべきことがあるのではないか。

『三国史記』が出来上がったのは十二世紀、高麗《コリョ》王朝の時代だ。高麗王朝は「伝統ある新羅から禅譲を受けた王朝」という形式を整えつつあった。

『三国史記』そのものが、〝高麗とは山賊が打ち立てた国家〟ではなく、「伝統ある新羅から禅譲を受けた国・王朝」であると明示するとともに、「新羅王朝の血脈が高麗の王朝にも流れ込んでいる」と主張することを目的にした正史といえる。

そうした高麗王朝にとって、「新羅の基礎は倭人・倭種がつくった」という〝危うい話〟を正史に記載することに、どんなメリットがあったのか。

当時、日本と高麗の間に通交はあった。しかし、高麗が求めた医師派遣を日本は断るなど、どちらかと言えば冷たい関係だった。

そうした中で、高麗の史官は「新羅の基礎づくりは倭人に指導された」という話をわざわざ捏造してまで、〝正しい史実〟を国民に知らせ、かつ後世にも伝えるために編纂する「一国の正史」の中に書き込んだとでも言うのだろうか。

『三国史記』の成立過程、その記載内容を慎重に検討していくと、上記の話が決して捏造ではないこと――年代には疑問があるにしても、事実の確実な反映であることが見えてくる。考古学の新しい成果や、ＤＮＡ分析を駆使した植物伝播学の研究も、それを後押ししてくれる。

半島最古の史書である『三国史記』、あるいは二番目に古い『三国遺事《サムグクユサ》』には、日本人にはもちろん、韓国人にも殆んど知られていない歴史が記されている。

まさに、故事は今を知る所以《ゆえん》（筆者註＝「所以」は手段の意味）――それらを知ることは、今日の半島の状況を理解するにも確実に役立つ。

第一章　新羅の基礎は倭種が造った

王命は「恥も曝け出した正史を」

列島と半島の古代関係史とは、多くの日本人にとって、天皇の「お言葉」にあったような〝常識中の常識〟が漠然と知られているだけの世界とも言える。「半島の人々から様々なことを学んだと、学校でも習った。だから、きっと、そうなのだろう」という辺りで終わりであり、専門研究者や半島史マニアを除けば、それ以上に踏み込もうとはしなかった。

ここで採り上げる『三国史記』にしても、中国史書の『三国志』と間違えられることが、しばしばだ。

図1　半島の国家群の変遷

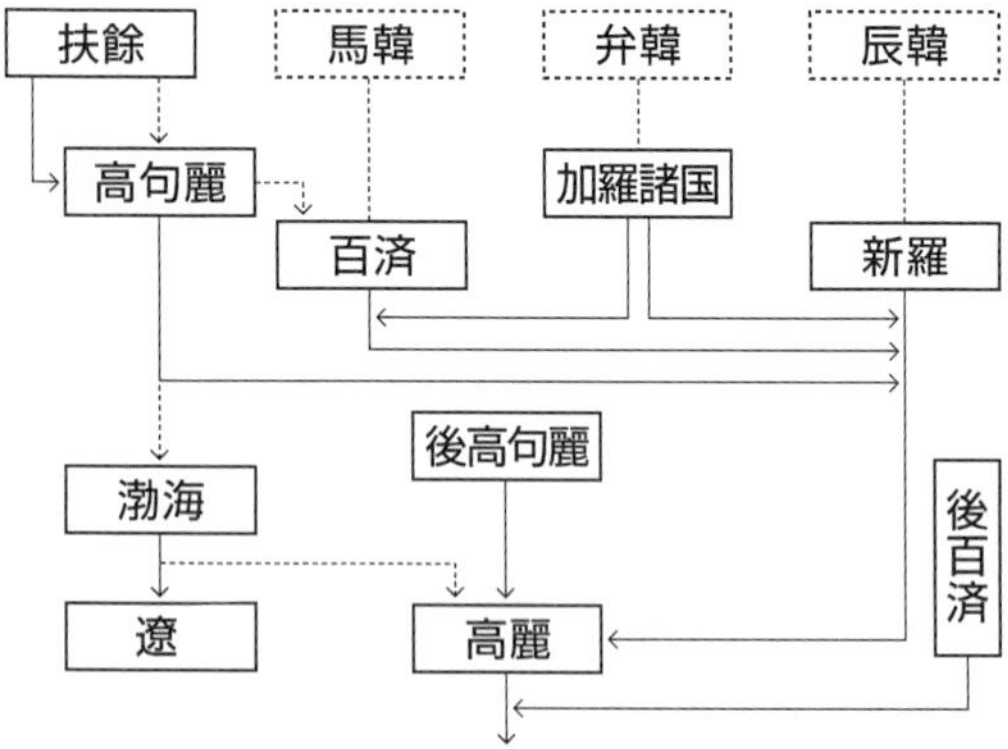

『三国史記』とは、どんな史書なのか――。日本人の常識にも、韓国人の常識にも全く反するような内容が記載されているとなると、〝まがい物〟に違いないと考える人が多いだろう。どんな史書なのか、まず簡単に説明しよう。

朝鮮半島に新羅（滅亡は九三五年）、高句麗《コグリョ》（同六六八年）、百済（同六六〇年）の三つの国があった時期を「三国時代」と呼ぶ。やがて新羅が半島を統一して「統一新羅時代」に入る。しかし、新羅の腐敗による統治能力の低下に伴い、半島内では二つの勢力（後百済《フベクチェ》、後高句麗《フゴクリョ》）が台頭して抗争が激化する。「後三国時代」と呼ぶ。

その中から、〝山賊が建てた国だった後高句麗〟を受け継いだ高麗（九一八～一三九二年）が、新羅の国を挙げての帰伏により半島を再統一する。そこまでが『三国史記』の記述対象だ。

高麗で最高の功臣かつ実力者であり、儒家としても名高かった金富軾《キムプシク》（一〇七五～一一五一年）が現役を退いた後に、十七代王である仁宗《インジョン》（在位一一二三～四六年）の命令を受けて一一四三年頃に編纂を開始し、一一四五年に完成した。

仁宗の命令は、「三国史記を上進する書」の中に復命する形で引用されている。次のような仁宗の指摘がある。

「三国の古記は、文が粗雑で事跡の漏れがある。このため君后の善悪、臣子の忠邪、国家の安危、人民の理乱など、全てを曝け出しておらず、後世に勧戒を示していない」

そうではない史書――恥部も曝け出して「後世の勧戒」となるような「名文の正史」を編纂しろというのが王命だったのだ。当時の貴族・廷臣にとって王命とは、今日の日本で高級官僚が総理大臣から直々に受けた命令よりも遥かに重みがあっただろう。

仁宗の命令内容からも解るように、『三国史記』とは書き下しの史書ではない。当時あった多数の古史書（いわゆる『旧三国史記』を含む）を点検し、かつ中国史書を参考にして、〝半島史に関する高麗王国の統一見解〟としてまとめられた正史だ。そうした経緯からして、『三国史記』とは日本でいえば『日本書紀』に相当する。

図2　『三国史記』の構成

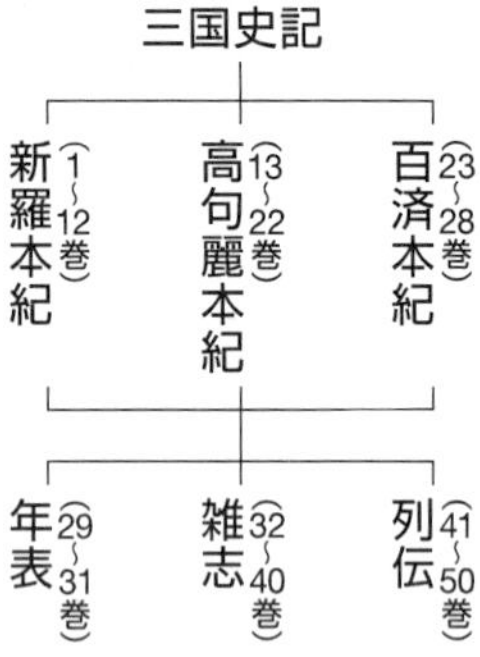

『三国史記』は中国正史の形式に倣っているから、新羅、高句麗、百済の三国についてそれぞれ「本紀」があり、建国から滅亡までの歴史を年代順に記している。さらに「年表」、地理志などの「雑志」、英雄や悪漢や学者など個々人について記した「列伝」がある。全五十巻、すべて漢文だ。

儒者の正史と、仏僧の野史

高麗の初期は、王子が多数いて、その舅《しゅうと》に当たる豪族たちが跋扈《ばっこ》した。李資謙《イチャヒョン》のように王を超える権力と財力を貯えた権臣も出た。

編者の金富軾は、李資謙を追い落とした立役者だった。風水地理説に染まりきった高僧が、開城《ケソン》から平壌《ピョンヤン》への遷都を主張し、容れられないと判ると、平壌を武力制圧して独立国を宣言した時（妙清《ミョチョン》の乱）には、鎮圧軍の総司令官を務めた。

その儒家としての令名は中国にも伝わっていた。

宋の使節の一員として高麗を訪れた徐兢は、宋の皇帝に進呈した『高麗図経』の中で、金富軾を以下のように評している。

豊貌碩体、面黒目露、然博学強識、善二属文一、知二古今一、為三其学士所二信服一、無三能出二其右一（金思燁《キムサヨプ》訳『完訳・三国史記』明石書店、一九九七年の「解説」より）

〈立派な体格で、肌色は浅黒く目が大きい。学識がすこぶる豊かで、文に長じ、古今の歴史を知る。学士たちから信服されているという点で彼の右に出る者はいない〉

王は、金富軾の辞表を二度受け取らず、三度目にして受理したが、その後も重要な会議には出席を求めた。時の最高功臣だったのだ。

権臣の動きが抑え込まれ、北方では女真族の動きが活発だったが、まだ蒙古の影もなかった時代――つまり高麗にとって政情が最も安定していた一時期に、この正史は、その安定をもたらした実力者により編纂された。

〝まがい物〟どころか、「由緒がしっかりした勝者・強者が編んだ正史」なのだ。

『三国遺事』についても説明しておこう。これは高麗の名僧、一然《イルリョン》（一二〇六～八九年）

が編んだ野史（官撰ではない史書）だ。完成したのは『三国史記』より百数十年後の一二八〇年代中盤とされている。半島に残る史書としては二番目に古い。

『三国史記』は古伝の重要部分を刪落《さんらく》（カット）したり、歪曲したりしている――との批判が一然の執筆動機とされる。仏教説話を除く部分（紀異篇＝三国史記の「本紀」とは異なるとの意味）は『三国史記』に対する〝異説集〟といえる。

「日本神話の原型」と一部の人が主張する檀君《タングン》神話や金首露《キムスノ》神話も、今日に伝わる原史料は、この『三国遺事』に収録されている。ただし『三国遺事』は、全編を通じて引用が頗る杜撰だ。

一然は、仏教を事実上の国教としていた高麗で、僧侶の最高位に当たる「国尊《ククチョン》」に上り詰めたほどの人物だ。その杜撰さは引用文献を点検することなく、うろ覚えのまま書いたりしたためだろう。そもそも一然は史官ではなかったし、史書の作成を支えるようなスタッフに欠けていたのも明らかだ。

正体不明の怪しげな史料からの引用もある。これも、『三国史記』に対する異説なら何でも拾い上げようとした一然の編集姿勢の現れといえる。

儒学者により編纂された由緒ある正史と、それを批判する立場から百数十年後に仏僧により書かれた異説集のような野史――この組み合わせが、半島と列島の古代関係史を探る上で、『日本書紀』と『古事記』の関係とは比べ物にならないほど強力な補完性を発揮してくれる。

日本海側の地から来た賢者

『三国史記』の第一巻（新羅本紀）に、列島から流れてきた賢者が、二代王の長女を娶《めと》り、義理の兄弟に当たる三代目の王の死後、四代目の王に即く話が載っている。その賢者の姓は「昔《ソク》」、名は「脱解」だ。

「新羅本紀」は脱解王初年（五七年）の条で述べている。

脱解本多婆那国所生也。其国在倭国東北一千里
〈脱解はそもそも多婆那《タバナ》国の生まれだ。その国は倭国の東北一千里にある〉

その生誕説話も載せている。そこには、新羅の初代王である朴赫居世《パクヒョッコセ》の生誕説話の倍以上の文字数が費やされている。木版の時代、一つの事柄の記述に充てられる文字数は、

その事柄に対する編者、著者の重要性認識度に直結していると思う。「新羅本紀」を要約すると、こういうことだ。

女国《ヨ》（『三国遺事』では積女国《チョンニョ》）から嫁いできた多婆那国の王妃は、妊娠して七年目に、大きな卵を産んだ。王は「人が卵を産むとは不祥である」として、捨てるよう命じた。そのため、王妃は卵を宝物とともに櫃《ひつ》に入れて海に流した。櫃は最初、金官国《キムグワン》（金海市《キメ》）に漂着したが、誰も怪しんで取り上げようとせず、次に辰韓《チナン》（慶尚道《キョンサンド》）の海岸に流れ着いた。

老婆が櫃を開けてみると少年がいた。その時、櫃に従うように鵲《かささぎ》が飛んでいた（筆者註＝鵲は、朝鮮半島では古来、吉鳥とされる）。そこで、「鵲」の字の一部を採って、「昔」を姓とした。櫃を開けて取り出したので名を「脱解」とした。

この説話により、脱解とは卵生と称されていて、その生国である多婆那国とは倭国から東北一千里の海岸に面した地にあったことが解る。

『三国史記』で用いられている「里」は、隋里（一里＝約四百五十米《メートル》）か、朝鮮里（一里＝

約四百〔メートル〕か、あるいは両者を混同して使っているとも考えられる。概ね、一里＝四百メートル《メートル》強と見てよい。

漢字文化圏の史書に「〇〇国から△△里」とある場合、その起点は〇〇国の首都だ。当時の倭国の首都が博多湾周辺にあったのか、近畿地方にあったのか――日本史研究者の見解は真二つに割れているが、ここではどちらでも構わない。

九州王朝論者は、博多湾から東北四百～四百五十キロ《キロ》を見ればいい。近畿王朝論者は、大阪湾あたりから東北に四百～四百五十キロ《キロ》の地点を見ればいい。

鳥取県東部から但馬地方あたりか、あるいは新潟県あたりになる。

古代人の距離感は、今日の人間よりも遥かに優れていた（古田武彦『失われた九州王朝』朝日文庫、一九九三年＝参照）とされるが、「一千里」を「非常に遠い」の意味で用いたとも考えられる。しかし、「二千里」「五千里」あるいは「万里」と書いてあるのではない。「非常に遠い」の意味だとしても、その距離には自ずと限界がある。

「新羅本紀」の記述からは、多婆那国が「ここにあった」とは特定できない。しかし、日本列島の日本海側、因幡地方から新潟県あたりまでの海沿いの地にあったことは確実に読み取れるのだ。

倭種とは

『三国志』の中の『倭人伝』（俗にいう『魏志倭人伝』）は、魏の直轄地だった帯方郡（ソウル市付近）から倭国に至る道筋、そして女王・卑弥呼が君臨する邪馬壹国《やまいっこく》を盟主にして倭国を構成する様々な単位国家の名前を記している。

その中に、「女国（積女国）」も「多婆那国」も見えない。

脱解は一応、紀元一世紀の人物として記されている。これに対して『三国志』は三世紀後半に成立した。その間に、女国も多婆那国も滅亡して倭国の一国に吸収されていたと想像する人もいよう。

しかし、私は二つの国は――滅亡していたかどうかは解らないが――そもそも倭国の支配圏の外にあったのだと考える。

なぜなら、『三国史記』は、脱解王の下で大輔に就く人物について、「倭人」だったと明記している。倭人が新羅の支配体制の重要なポストに就いたことを、何らタブー視していないのだ。

それなのに、脱解に関しては「倭人」とせず、その生国を「倭国の東北一千里」と紹介している。これは、多婆那国が倭国の支配圏外にあったからだろう。『魏志倭人伝』は述べている。

女王国東渡海千余里、復有国、皆倭種

〈女王国から東に海を渡って行くこと千余里、まだまだ国々がある。それらの国々の人民は（韓《ハン》族やツングース系ではなく）みな倭種だ〉

これは、倭国の圏域外について述べている箇所だ。前後の文脈からして、ここは「倭国の首都から千余里」ではなく、「倭国の東端から千余里」の意味だ（ただし、ここで使われている「里」は隋里ではなく、一里＝約七十五メートルの短里だろう）。

この一節だけ見ても、私は『三国志』が記述対象としている倭国とは、九州北部を主領域とする連合国家だったことが解ると思う（『三国史記』の記述も、倭国が九州を中心とする王朝だったことを窺わせる）。

「東渡海千余里、復有国、皆倭種」とは短い文章だが、極東域に関する知識が欠落していた魏にとっては、きわめて重要な新情報だった筈だ。

列島の地理的奥深さと、倭人・倭種の広がりを示す重要情報を魏本国に伝えたのは、当時、卑弥呼の国に長く滞在していた魏の使節(張政)に随行してきた軍兵だろう。今日でいえば、情報・偵察部隊の要員たちだ。

『三国志』は、倭国の支配圏外の倭人を「倭種」と表現している。それに従えば、脱解は倭人ではなく、倭種だったのだ。

ただ、倭種と倭人が民族的に違うわけではない。倭種が住む列島の中で、邪馬壹国が支配する領域内にいる倭種が倭人だったのだ。

「邪馬壹国」との表現に違和感を覚える読者もいようが、『三国志』にあるのは「邪馬台国」ではなく、「邪馬壹国」だ。こうした字句に関する研究は、古田武彦(昭和薬科大学教授)の『「邪馬台国」はなかった』(朝日文庫、一九九三年)に詳しい。

白馬と高貴な紫色

それでは異説集といえる『三国遺事』は、脱解について、どう書いているのか。

その前に、一然の問題意識を紹介しておこう。「紀異篇」のまさに「異」たるところが強く示されているのは、新羅の初代王である朴赫居世の生誕説話の部分だ。

『三国史記・新羅本紀』（以下、「新羅本紀」とする）の場合は簡潔に述べている。

――秦や漢の圧政から逃れてきた人々（原文は「朝鮮遺民《チョソンユミン》」）が、慶州《キョンジュ》の山間部で六つの村（「辰韓の六部」と呼び、初期新羅の中核人民に位置付けられる）に分かれて暮らしていた。ある日、一人の村長が林の中で馬が跪《ひざまず》いて嘶《いなな》くのを見た。そこへ行ってみると〝瓢《ひさご》のような形〟の大きな卵があった。卵を割ると男児が出てきた――

卵から出てきた男児こそ、十三歳にして新羅の初代王に擁立される朴赫居世だ。

これに対して『三国遺事』には、次のような記述がある。

「辰韓の六部の村長は、いずれも（地元の山峰に）天から降りてきた」

「六部の人々が子弟を連れて集まり、『君主を立て、都を定めよう』と話し合っていたところ、山の麓に不思議な気配がした。雷のような光が地面に差したかと思うと、そこに一頭の白馬が跪いていて、礼拝するような姿勢をしていた。そこに行ってみると紫色の卵があり、白馬は長く嘶いてから天に駆け上がっていった」

この例を見ただけでも、一然の反発が、どの辺にあったか想像するに難くない。一然は、「六部の村長も天から降ってきた」というような重要な古伝が無視され、六部の民はみな「中国からの流民」にされてしまい、「その人々が君主を求めていた」こと、さらには、ただの馬ではなく「白馬」であり、卵が高貴な色である「紫」だったとするような〝重要部分〟が、『三国史記』に記されていないことを問題視したのだ。

一方、『三国史記』の編纂者たちからすれば、「天から降ってきた」とするような古伝は信じるに値しなかった。

つまり、『三国史記』とは、古伝を「中世朝鮮半島の科学的常識」と呼ぶべき〝粗めのフィルター〟にかけてから、まとめられた史書なのだ。そうした点で、わが国の「記紀」(『古事記』と『日本書紀』)とは違う。だから逆に言えば、古史料を当時の知識で解釈して書き換えた原典改悪も当然あったろう。

正史も野史も「倭の東北一千里」

問題の脱解について、『三国遺事』では、漂着した場所は慶尚道の同じ海岸(阿珍浦《アジンポ》)

だが、櫃そのものではなく「船に載せられていた櫃」になっている。しかも、それを見付けたのは、ただの老女ではなく、新羅王のために魚介類を獲る役にあった海女だった。

この海女も倭種だったに違いない。そうでなければ、半島に到着したばかりの脱解と会話ができないではないか。

あえて脇道に逸れるが、この時代は「海女」という職種そのものが、倭人・倭種ならではの独特の技の発揮であり、倭人・倭種であることを示したのではないのか。

「新羅本紀」は、脱解は漂着後しばらくの間、魚を釣って、自分を見付けてくれた老女を養っていたとしている。『三国史記』全編を通じて、「漁業」が出てくるのは、実は脱解に関するこの部分だけだ（半島北部でラッコかアザラシか海獣を獲る話、中国の故事を引用した〝川の漁師〟の話は一カ所ずつある）。

『三国志・東夷伝』の中にも、倭人に関しては「倭水人好沈没捕魚蛤」〈倭の海辺の人々は水に潜って魚や蛤を上手に取る〉とある。しかし、東夷の他の諸族に関する記述を見ても、僅かに『東沃沮伝』に、高句麗に貢いでいた品々の中に「魚、塩、海中食物」とあるだけで、漁業そのものは全く出てこない。

まして海に潜って魚介類を取る技は、倭人・倭種の象徴だったのだろうと思う。

半島は三方を海に囲まれているのに、新羅の「朴」「昔」「金《キム》」の三王室、高句麗王室、百済王室の始祖建国神話（説話）の中で、海が舞台になっているのは「昔」王室＝脱解だけだ。他は丘陵地帯が舞台であり、せいぜい川が出てくるぐらいだ。「天帝」と「河伯（川の神）」はいるが、「海神」はいない。百済王室の始祖建国説話は、海を忌避すべき存在として描いている。

日本の神話には、国土創造の場面、さらには海幸彦・山幸彦の説話をはじめ、「海」が溢れている。大きな違いだ。

初期新羅の主民族も、現在の慶州市中心部ではなく、そこを取り囲む山間の盆地に住んでいた。海辺や低地は彼らが住む場所ではなかったのだ。

本筋に戻る。『三国遺事』では、櫃の中にいた子供自身が以下のように述べる。

私は龍城国《ヨンソン》の者だ。……父王の含達婆《ハムダルパ》が積女国の王女を妃に迎え……王妃が卵を産むと、父王は「不吉の兆」とし、七宝と奴婢を船いっぱいに積んで「勝手に縁のある地へ行って家を起こし、国を立てろ」と呪《のろ》った。すると、にわかに赤い龍が現れて船を護衛し、ここにやってきた。

龍城国については、一然自身がこういう分註を付けている。

「正明《チョンミョン》国または琓夏《ワナ》国ともいう。琓夏は花厦《ファハ》国とも書く。龍城は倭の東北一千里のところにある」

つまり、異説を収集して載せた『三国遺事』でも、新羅の四代王は脱解であり、その生国は ― 異なる国号が四種類出てくるが ― やはり「倭の東北一千里」だったのだ。

この記述から、一然が『三国遺事』を執筆した寺にも、脱解の漂着を扱った何種かの古史書があったことが解る。即ち、多婆那国ではなく「龍城国」としている史書、さらには「琓夏国」などと記している史書だ。

高麗は建国初期に国史研究のために春秋館《チュンチュグワン》という施設を造り、史官を養い、古史料を集めていた。一然より百数十年前、そこを利用した金富軾らは、一然より遥かに多くの古史料を見た筈だ。

新羅は六世紀に国史編纂を始めている。野史も数多くあったことは、『三国史記』や『三国遺事』の中で、書名を記して引用がなされていることから明らかだ。

十二世紀まで残っていた古史書 ― その中で信頼できる史書類は、脱解の生国を「多婆那国」と述べ、その位置を「倭国の東北一千里」としていた。中には「龍城国」「琓夏国」などとする古史料もあったが、『三国史記』は採用しなかった。

十三世紀になって一然は、いくつかの古史書が「多婆那国」以外の国号を記しているのを見て、それを野史の中で紹介した（「多婆那国」という国号の存在を否定しているわけではない）。

しかし、一然が渉猟した古史書の中にも、脱解の生国の位置に関しては異説がなかった。『三国史記』と『三国遺事』を比較すれば、そうした史料状況が見えてくる。中国にまで令名が伝わっていた儒者が編んだ由緒ある正史、国尊まで上った仏僧が書いた野史 ― この両書が揃って、新羅の四代王である脱解が生まれた国は「倭（国）の東北一千里」の所にあったと記している事実は極めて重い。

大胆に想像すると

『三国遺事』には、もう一カ所、脱解に触れた部分がある。巻二（紀異篇の続）の最後に収められている『駕洛国記《カナックッキ》（抄録）』の中にも脱解が登場する。

「駕洛《カナク》」は「伽耶《カヤ》」「加羅《カラ》」と同義とされる。広義の「任那《みまな》」だ。

『駕洛国記』とは、高麗十一代王の文宗《ムンジョン》の時に、金官（現在の金海地域）の首長として赴任した文人（史官ではない）が、滅亡した駕洛諸国に関して、地元の伝承や、古史書を集めてまとめた作とされる。

『駕洛国記』の成立は一〇七六年だから、『三国史記』より七十年ほど前になる。金官伽耶国の初代王である金首露（詳しくは第五章。金姓の中では最大の人数を擁する「金海《キメ》金氏《キムシ》」の始祖）の出生から、その国が新羅に投降するまでの歴史を伝えている。

「抄録」が、原文をどの程度まで圧縮しているのかは知りようもないが、脱解に関する件《くだり》は「琓夏国の含達王の夫人がにわかに身籠り、卵を産んだ。その卵が化して人間になったので、名前を脱解といった」と始まる。

つまり、この伝承では、脱解は船に乗せられた時、既に卵ではなく、名前もあった。

脱解は駕洛に着くや、金首露の宮殿に入っていき、「王位を奪いに来た」と宣言する。しかし、王と変身の術を競って敗れると、船で鶏林《ケーリム》（新羅）の方へ逃げていった――脱解に関する部分は、こんな内容だ。

抄録に琓夏国の所在地を示す記述はない。しかし、抄録そのものを『三国遺事』全体の流れの中で見るべきだ。

即ち『駕洛国記』は、『三国遺事』の中で脱解に関する記述がとうに終わり、「紀異」篇の最後に、いわば付録のように、しかも全文ではなく抄録として載せられている。一然の編集姿勢は一貫している。正史である『三国史記』が載せなかったり、改作して載せたりした古史料や伝承なら、出典に相当な疑義があっても拾い集めることだ。一然が読んだ『駕洛国記』全文の中に、脱解の出生地に関して、①「新羅本紀」が記していることと違う内容、②一然自身が『三国遺事』の本文で記した異説とは違う記述――があったのなら、その部分を一然が抄録から外すことなど、あり得ない。

『駕洛国記』の著者は、脱解の件を書いた後に、「この記事にみえる事件は、新羅側の記録とは多くの違いがある」と註釈を付けている。その註釈の具体的内容が、『三国遺事』の本文と、『駕洛国記』抄録に収められているのだ。

つまり、『駕洛国記』全文の中に、脱解の出生地の具体的所在地を示す記述があったとしたら、それも「倭（国）の東北一千里」の類だったのだ。

「新羅本紀」『三国遺事』、それに『駕洛国記（抄録）』の脱解に関する記事を基に大胆に想像すると、こういうことになる。

日本列島の日本海側の海岸線にあった多婆那国で、何らかの事情があり、若君を追放することになった。多婆那国には「海人の国」らしい追放の仕方があった。

若君は側近、奴婢、それに相応の財宝とともに船に乗せられ、「どこにでも行ってしまえ」と追放されたのだ。

しかし、列島の北方は農耕にも不向きだ。といって対立している倭国に行くわけにもいかない。だから朝鮮半島を目指した。最初に着いた金官国では相手にされなかった。

次に着いた新羅の海岸では、王のための魚や貝を獲る役を務めている倭種の老海女にコネを付けられた。当初は海辺で網元のような仕事をしていたが、やがて市場がある慶州に移り住んだ。ここで老海女のコネを利用して朴王室に近付き、多婆那国から持ち込んだ財宝で新羅の廷臣を包摂して、「賢者」としてまんまと……権力の座に就くと、新羅の初代王に肖《あやか》って「自分も卵から生まれた」と称した。

二代王の前半から倭種が実権

「新羅本紀」によれば、新羅の二代王である南解《ナメ》は、長女を賢者である脱解に嫁がせ、その二年後には脱解を大輔に任じる。南解王七年（西暦一〇年）のことだ。大輔とは当時の最高官職で、脱解の場合は総理大臣兼軍司令官に該当した。

五年春正月、王聞脱解之賢、以長女妻之
七年秋七月、以脱解為大輔、委以軍国政事
〈五年春正月、王は脱解が賢者であることを知り、長女を嫁がせた。
七年秋七月、王は脱解を大輔に任命し、軍事と政事を委ねた〉

二代目の南解王が没すると、二代目の長男で太子だった儒理《ユリ》は、脱解に王位を譲ろうとする。脱解は南解王の長女（『三国遺事』によると、儒理の妹）を娶っていたから、二人は義理の兄弟だ。

しかし、当然の「王位継承権者」である太子が、王位を目前にして特定の人物――いくら義理の兄弟に当たるとはいえ、列島から流れてきた異民族の男に譲位を申し出るとは尋常でない。その背後には、どんな状況があったのだろうか。

ミクロな状況は、脱解に「徳」があったからだと、「新羅本紀」が述べていることから推察できる。

脱解は二代目の南解王七年に大輔に起用された。だから、南解王が在位二十一年で没した時には、十四年間も大輔の座にあった。日本の小さな村で、十四年間も助役をしている人物を想定してみることは、それなりに「理解の早道」かもしれない。

助役は村中のことを知り尽くしている。予算の配分、イベントの実施、紛争の仲裁などで、助役に世話になっていない住民はいない。村議会議員も同様だ。誰も助役に逆らえない。というよりも、助役は村民の信望を一身に集めている。助役が村の全権を握っていて、村長は完全に祭り上げられ、もはや冠婚葬祭要員でしかない。

「脱解の徳」とは、その間に培った権力、さらには多婆那国から持ち込んだ財宝を媒介にして築き上げられた王族、貴族、群臣挙げての支持 ― 太子が自ら失権を申し出ざるを得ないほどの「強力な勢力」だったと考えられないだろうか。

そうでもなければ、太子が「王位継承権の放棄・譲渡」を自ら申し出ることなど、あり得ないのではないか。そう考えるのは、あまりにも現代的思考に過ぎるだろうか。

脱解は譲位の申し出を断り儒理を説得する。それにより、儒理が三代目の王に即く。しかし、即位直前に譲位を申し出て、その譲位対象とした「徳のある人物」に、逆に説得されて王位に即いた三代目とは、〝飾り物〟以上の存在であり得ただろうか。

つまり、新羅とは、二代王の前半の時代から、既に脱解が大輔として国政・軍事を司っていた。即ち倭種が実権を握っていた――「新羅本紀」を〝素直に〟読めば、そういうことになる。

二代目の南解王、三代目の儒理王の治績として記されていること――当時の小さな村連合のような国家での基礎造りの大部分は、「南解王」「儒理王」の名の下で、実は倭種の「脱解政権」により実行されたのだ。

新羅最初の外交団の首席代表は倭人だった

三代目の王には息子が二人いた。しかし、脱解を四代王に即けるよう遺言して没する(五七年)。脱解は王位に即くと、翌年には瓠公《ホゴン》を大輔(これは総理大臣に相当する。「新羅本紀」からは、軍事は脱解が掌握していたと読み取れる)に任命する。

この瓠公は倭人だ。「新羅本紀」の朴赫居世三十八年(前二〇年)の条に、こうある。

瓠公者未詳其族姓、本倭人。初以瓠繋腰、度海而来。故称瓠公

〈瓠公とは、その族姓は詳《つまび》らかではないが、そもそも倭人だ。瓠《ひょうたん》を腰に提げて、海を渡ってきた。それで瓠公と称された〉

勘が鋭い読者は、既に気付いているかもしれない。瓠公は大輔になった時、何歳だったのか。古代に、そんな高齢者がいたのか——と。その問題については第三章で詳述する。ここは、問題を棚上げしたまま読み進めていただきたい。

「瓠を腰に提げて、海を」——私は浦島太郎の姿を思い浮かべてしまうのだが、脱解による瓠公の大輔起用の結果、出来上がった体制は、王は倭種、ナンバー2は倭人となった。これは「倭種・倭人が統治する国」に他ならない。新羅に《倭・倭体制》が出来上がったのだ。

瓠公が海を渡ってきたのは、新羅の初代王である朴赫居世の治世のことで、彼は新羅王室で重用されていた。

何故なら、瓠公は前二〇年、新羅の使者として馬韓《マハン》に赴き、馬韓王と交渉する。細部に入るが、馬韓は地域名・民族名であり、「馬韓国」は存在しなかった。ここに出てくる「馬韓王」とは、中国や楽浪郡から逃亡してきて半島東部に住み着いた住民から年貢を取り立てていた月支国王を指すと思われる(ウォルヂ)(より詳しくは『三国志・韓伝』参照)。「新羅本紀」には、「馬韓王は、新羅の朝貢が途絶えていることを怒って質した」とある。交渉のテーマは〝朝貢取り止め後の国交の在り方〟といったことだったのだろう。

東アジアの古代国家にとって、朝貢は絶対的な重大事だった。朝貢するかしないかで戦争になる。これが「新羅本紀」が記す新羅国の最初の外交であり、新興国家の命運を左右する重大な外交交渉だったことは明らかだ。

その首席代表が、何と正真正銘の倭人だったのだ。

人口は今日の三十分の一以下

新羅が中国の古代史書に最初に顔を出すのは、日本人にはお馴染みの『三国志』だ。古代史ファンには言わずと知れたことだが、その中心に位置するのは『魏志』であり、『魏志』の最後に『烏丸・鮮卑・東夷伝』がある。『東夷伝』中の最後が俗に言う『魏志倭人伝』だ。『倭人伝』の前には『韓伝』があり、半島の南半部にあった「古代三韓」を扱っている。

『倭人伝』は日本人によく読まれている。ところが、その前にある『韓伝』となると、古代日本史マニアも殆んど読んでいないようだ。

「古代三韓」とは、①馬韓＝黄海に面した西央部から西南部にあり、五十数カ国あった（概ね、今日のソウル市、京畿道《キョンギド》、忠清道《チュンチョンド》、全羅道《チョルラド》と、北朝鮮の黄海南道《ファンヘナムド》の一部）、②辰韓＝日本海に面した東部（概ね、慶尚北道《キョンサンポクド》、江原道《カンウォンド》南部、忠清道東北部）、③弁韓《ビョナン》＝玄海灘に面した南部（概ね、慶尚南道《キョンサンナムド》）――のことで、辰韓と弁韓を合わせ「弁辰《ビョンジン》」とも呼び、合わせて二十四カ国あったという。

『三国志・韓伝』にある三韓に関する概説部分を、史学者たちは日韓ともに、何の疑念も抱くことなく素直に読み下しているようだ。

しかし、三種に分けるファクターが何だったのかは解明されていないのではないか。

『三国志・韓伝』の中に、新羅は「辰韓と弁韓を合わせて二十四カ国」の一つとして、「斯盧《サロ》」の名前で出てくる（中国史書の中で、国号「新羅」の初出は『太平御覧』に引用された『秦書』三七七年の記事とされる）。

馬韓五十数カ国を列挙する中に、百済も「伯済《ペクチェ》」として出てくる。

卑弥呼が君臨したのと、ほぼ同じ時代に新羅も百済も存在したことが中国史書により確認できるわけだ。しかし、どちらの国も『倭人伝』のような詳細な説明はない。

図3 『三国志・東夷伝』、『三国史記』から推定する3世紀央の半島地図
（太字は民族名）

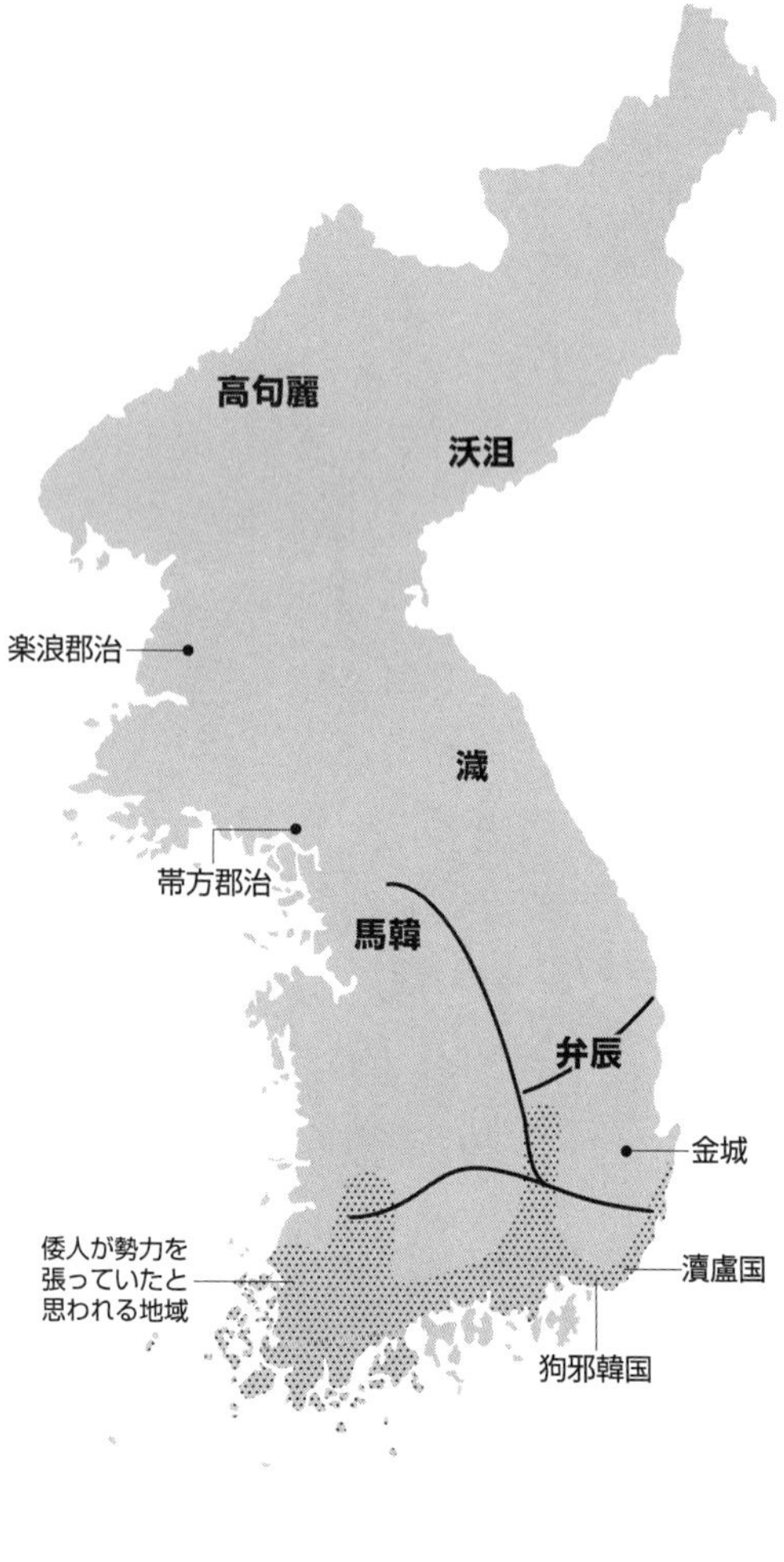

地域としての馬韓と辰韓・弁韓（馬韓はほぼ独立した形で説明されているが、辰韓と弁韓は〝混ぜこぜ〟で説明されている）の構成国を列挙する中に名前だけ載っている。三韓には、それぞれの地域を統括するような大国がなかったからだ。

「新羅本紀」によれば、新羅は五代目の婆娑《パサ》王の時代に、音汁伐国《ウムジッポル》などを併合する（一〇二年）。音汁伐国があったとされる場所は、今日の韓国慶州市（新羅の王都があった地。当時は金城《クムソン》と呼んだ）の中心部から歩いて二時間ほどだ。

「音汁伐国を併合した」とは、今日の日本の国土感覚からすれば、過疎地域にある町が隣の村を編入合併したようなものだ。

『三国志』が伝えるところから推測すれば、三世紀の中盤でも辰韓・弁韓の人口は三十万〜四十万程度（ここでは、一戸＝七〜八人と見た）、半島の南半部全体でも百万〜百五十万人ほどだった。二十一世紀初頭の三十分の一から五十分の一だ。人々が満ち溢れる今日の東アジアの都市を念頭に置いて、当時の状況を想像してはいけない。

国と国を結ぶ幹線道路とて、獣道《けものみち》を少し拡張したようなものだったろう。熊野古道、百済の最後の首都だった扶余《プヨ》の古道、あるいは十七世紀に造られた山口県の萩往還などを歩いてみると、想像がつく。

「辰韓と弁韓合わせて二十四カ国」とは、『三国志』が成立する三世紀後半の「半島南東部に関する最新情報」と見てよい。そこで、辰韓・弁韓に比定される地域を二十四に分けてみよう。その一カ国は本当に小さな地域になってしまう。

しかし、二十四カ国になる前は、さらに小さな国々に分かれていた。新羅も、音汁伐国はじめ幾つかの小国を併合、あるいは攻め亡ぼして二十四カ国の一国になる。

「新羅本紀」の第一巻に載っているのは、紀元前から後一五四年までの動きだ。つまり、慶尚道を中心とする地域が二十四カ国に統合されるよりも、百年ぐらい前までのことだ。

当時の人口は、『三国志』の記述から推測したよりも少なかったろう。だから「〇〇国」と呼ばれていても、今日の日本から見れば、村どころか大字ほどの規模だったこともあり得よう。

そうした中では新羅は大きな存在だった。辰韓・弁韓の国々は殆んど海浜国家か内陸（盆地）国家だったが、新羅の領土は早い段階から山間部から海岸にまで達していた。

とは言っても、脱解、瓠公が登場する時代の新羅の国家形態は村落連合のようなものだったのだろう。

しかし、そうした国家であれ、トップとナンバー2だけが異民族 ― それも海を渡ってきた一世ということがあり得ようか。多民族国家で、民族間の対立がなかったとしても、要所要所は倭人・倭種が抑えていなければ、そんな体制は成り立つまい。

慶州でハイテク産業を営んでいた倭種

倭種が四代目の王に即き、その下で倭人の瓠公が大輔になった――そうした体制を成り立たせたマクロな状況は、その時代の新羅には、少ない比率ではあれ倭人・倭種が韓族、ツングース系の濊《イェ》族、中国系流民と共に住んでいて、民族間に先鋭な対立がなかったことだろう。

『日本書紀』だけ見ていると、新羅と倭国は敵対的な関係にあり、新羅に倭人・倭種が住んでいたとは、とても思えないかもしれない。

しかし、考古学はいま、半島南部（弁韓）に限らず、新羅地域（辰韓）にも倭式の墳墓があり、古代から倭人が住んでいたとする（朴天秀《パクチョンス》『加耶と倭―韓半島と日本列島の考古学』講談社選書メチエ、二〇〇七年＝参照）。掘り出せば「倭式の墳墓」と解るほどの遺跡なのだから、被葬者が高い地位にいたことは明らかだ。

『三国遺事』には、こんな話が載っている。

脱解は、瓠公が住む邸宅を風水地理の吉地（勢可久之地）と見た。そこで、炭や砥石を密かに埋めておき、役人に「よその村に行っている間に、他人が家を建ててしまったが、ここは私の土地だ」と訴え出る。そして切り札として言う。「私の祖先は鍛冶屋だったから、掘ってみれば砥石や炭がある筈だ」と。果たして……。

漂着して間もない時期だから、韓族や中国系の民を装うことはできなかったろう。それなのに、「私の祖先は……」という話が成り立ったのは、今日でいえば慶州市中心部に当たる地域には、脱解が申し出る時より遥か前から、倭種が営む鍛冶屋だけでも何軒もあったからではないのか。

鍛冶屋とは、当時のハイテク産業だ。慶州中心部に倭人が営むハイテク工場が何カ所もあり、韓族や中国系流民を相手に商売をしていた ― こんな古代風景は、天皇の「お言葉」にあった〝常識中の常識〟からは想像もできまい。

しかし、三世紀になっても半島の刀剣は鋳鉄だったが、列島では一歩も二歩も進んだ鍛造品が造られていたというのが考古学の常識だ。慶州で倭種がハイテク産業を営んでいた古代風景は、決して不思議ではないのだ。

「新羅本紀」は、この土地詐取の話を「設詭計、以取而居之。其地後為月城」〈脱解は一計を案じて、瓠公の居所を手に入れた。その地は後に月城になった〉と簡潔に書き、詭計の内容には触れていない。

「月城《ウォルソン》」とは、新羅の王宮のことだ。脱解が手に入れた地には、その後、王宮が建てられたのだ。その王朝は、王都を他に移すこともなく一千年近くも続いたのだから、まさに「吉地」だったといえる。

風水地理は古代中国に始まるが、今日の韓国人は何かというと風水地理を持ち出す。なんと大統領府でも、事務方が大統領府の建物の配置について、風水師にお伺いを立てていたことが明らかになった。これは『朝鮮日報』（二〇〇九年七月十九日）が報じたものだが、「非科学的なことに公費を……」といった批判記事ではない。明らかに好意的な記事であり、頼まれた風水師の経歴紹介まで付けている。韓国人は、脱解を「半島における風水地理の祖」として崇めなければなるまい。

本筋に戻ろう。

つまり、任那と呼ばれた地域ほどではないにしても、新羅にも倭種が住んでいた。中には、今日まで伝わるほどの墳墓に葬られた倭種もいた。しかも、民族間に先鋭な対立はなかった。そういう状況だったからこそ、海を渡ってきた（おそらく逃げてきた）倭人も才があれば重用された。漂着した倭種が賢者だったなら、王は娘を嫁がせたのだ。

もちろん、そこに一定比率の倭種が住んでいても、倭種が韓族からあらゆることを教えられるばかりの存在だったのなら――つまり、古代の韓族が倭人を明らかな劣等民族として位置付けていたのなら――いかに個人的に才が溢れる倭種であっても大輔に登用されたり、王に推されたりすることなど、あり得なかったろう。

第二章　倭国と新羅は地続きだった

「五九年に倭と国交」は不思議でない

「新羅本紀」には、朴赫居世八年（前五〇年）に、倭勢力の最初の対新羅出兵記事がある。ここで「倭勢力」というのは、その主体が倭国の指揮系統にあったのかどうか、疑問があるからだ。その二回目の出兵が南解十一年（一四年）だ。そして、次の倭国関連記事が、脱解三年（五九年）五月、新羅は「倭国と交聘の好《よし》み（国交）を結び、使者を交換した」となる。

古代史ファンの多くは「そんなことは『古事記』にも『日本書紀』にも載っていないぞ。まさか、一世紀の半ばに倭国と新羅が国交を結んだなんて」と嘲笑するだろう。

しかし、あり得なかったと決め付けるわけにもいかないのではないか。

着目すべきは、『後漢書・東夷伝』にある「建武中元二年、倭奴国奉貢朝賀……倭国之極南界也、光武賜以印綬」〈倭奴国が奉貢朝賀した……その国は倭国の極南界にあり、光武帝は印綬を賜った〉とする記事だ。

倭の使節が五七年に漢本土、あるいは平壌に郡治（郡庁所在地）があった楽浪郡（漢の直轄地）を訪問して、光武帝から印綬（印と、そのセットになっている組み紐）を授かったというのだ。その印とは、福岡市の志賀島から出土した「漢委奴国王印（金印）」のことだ。『後漢書』の「倭奴国」をどう読むのか、金印の「委奴国」とはどういう関係なのかは、さておく。ここでは、倭人の国は既に一世紀半ばに、中国と正式な外交（金印授受）関係を持ったという事実が重要だ。中国の正史を見れば、この時代、韓族の邑長には「銅印」が授けられた。金と銅――五輪のメダルとは違い、これは絶対格差だ。

正式な外交関係を結び、皇帝から金印を授かるまでには、非公式な折衝が何度もあったことだろう。史書を見れば、古代の外交使節とは、年単位で留まったりする。金印を授かるまでの接触・交渉は何年、あるいは何十年もかかったのかもしれない。

倭奴国が対中華外交を進めようと方針を決め、それに向けた具体的な動きを起こすまでには、村落連合のような国としての営み、さらには征服（国内統一）戦争が長く続いていたに違いない。

『三国志・韓伝』に突如として国名が出てくる新羅（斯盧）や百済（伯済）にしても、一夜にして国が成り立ったわけはない。〝長い歴史の尾〟を持つ筈だ。

漢本土にせよ楽浪郡にせよ、列島から見れば、そこは新羅より遥かに遠い。より近い新羅との間で、五九年に国交が結ばれたとしても、何ら不思議ではない。『古事記』も『日本書紀』も、基本的には近畿王朝の史書だ。倭国と新羅との国交の記事が載っていなくても、これまた不思議ではない。

北部があるからこその「極南界」

では、『後漢書』中の「倭国之極南界也」とは何を意味するのだろうか。

「倭国」という連合国家の名前の前段に「倭奴国」があり、金印は「委奴国」となっていた。

素直に読めば、『後漢書』は「倭奴国＝委奴国」として扱っている。『後漢書』の記述対象はもちろん後漢の時代だが、編纂されたのは実は『三国志』より百年ほど後だ。

『後漢書』の編者は「光武賜以印綬」の事実は把握していても、実際の印がどう彫ってあるかは知るすべがなかった。「減筆」(画数を減らして表記する手法)刻印だったかどうか、それは承知しないが、ともかく「倭奴国」に金印を授けた事実は間違いないと確認できたのだ。

さらに編者が「九州北部＝倭国の極南界＝倭奴国＝金印を賜る本国」と認識していることも解る。つまり、「半島の南部＝倭国の北部＝分国」なのだ。詳しくは後述するが、これは『魏志倭人伝』が狗邪韓国《クヤハングク》(今日の韓国金海市を中心とする地域)を〝倭国の北岸〟としているのと基本的に同じ地理観だ。当初の倭国とは「倭奴国＋半島にある分国」を指していたのだ。

日本では、「委奴国」を、『魏志倭人伝』に国名が出てくる伊都国に比定する研究者が少なくないようだ。しかし、卑弥呼が二三八年に魏から金印(親魏倭王)を授かったのは、「邪馬壹国の女王」としてではない。「連合国家・倭国の王」としてだ。『後漢書』中の「倭奴国＝委奴国」に該当するのは、単位国家である伊都国ではない。「連合国家の本体である倭奴国＝刻印では委奴国」と見るべきだ。

伊都国が貰ったとしたら銅印だ。

図4　関連年表

前五七年	新羅建国
三七年	高句麗建国
一八年	百済建国
後一〇年	新羅で脱解、大輔に
五七年	倭奴国に「漢委奴国王」の金印
	新羅で脱解、即位
五九年	倭・新羅修好
一七八年頃	卑弥呼が共立される
二三八年	倭国に「親魏倭王」の金印
二四七年頃	卑弥呼死去
三九一年	高句麗、広開土王即位
四〇〇年	新羅での倭・高句麗戦争
四三三年	新羅・百済同盟成立
五二七年	磐井の乱
五三二年	新羅、金官伽耶を併合
六一二年	薩水大捷
六六〇年	百済滅亡
六六三年	白村江の戦い
六六八年	高句麗滅亡
六九八年	渤海建国

半島南部から九州に及んだ倭国だったが、やがて半島から足場を失う。すると、「倭国」とは旧「倭奴国」だけを指す名称に変質していった。後代中国史書の倭国伝や日本伝が「倭国者古倭奴国也」（旧唐書）、「日本古倭奴也」（新唐書）とする記述から始まり、正史の解説書でも、やはり「（倭国・日本とは）古倭奴国也」（唐会要）としているのは、こうした経緯を踏まえた記述と見るべきだ。

ついでながら述べておくが、中国史書に出てくる「倭奴」国と、韓国人が日本人の蔑称として使う「倭奴」とは語源が違う。

前者は倭人の自称に対する表音（当て字）だろうが、後者は「倭＋ハングルの놈《ノム》」だ。「놈」とは、韓語（半島の固有語）で「奴《やつ》」「輩《やから》」の意

味だ。それで「倭奴」と書いて本来の発音なら「ウェノ」のところを、「ウェノム」と言う。半島型の重箱読みだ。

正史に「意味なき記述」はない

「新羅本紀」には、新羅の建国から百年余の間に、倭の出兵は二回しか記載されていない。しかし、新羅は倭から凄まじい圧力を受け続けていたのだろう。

「新羅本紀」の国交記事の前段には、こうある。

「(五九年)三月、王が吐含山《トハム》に登ると、ややあってから、蓋のように浮かんでいた黒い雲が消えた」。そのまま「五月、新羅は倭国と国交を結び……」と続く。

「新羅本紀」の前半には「○○王○年春○月、日食があった」「ほうき星が……」といった天体に関する記事が頻出する。それらの記事の意味を、私は解けない。あるいは、中国の気象記録に照らしても、ここらは確実なことを書いているのだという読者へのアッピールなのだろうか。

ともかく、紙そのものが貴重な資源であり、木を刻み込んで版を作った時代だ。王命により編纂している正史に、史官が意味のない雑記を書き入れることなどあり得ない。

倭国との国交に先立つ「蓋のように浮かんでいた黒い雲が消えた」の場合は、倭種の王、倭人の大輔の誕生により状況が一変するまでは、倭国から常に「蓋のように浮かぶ黒い雲」のような圧迫を受けてきたことを示すのだろう。脱解の即位、瓠公の大輔就任から間もない時期の倭との国交は《倭・倭体制》がもたらした快挙だったのだ。

金王朝があったのも、脱解がいたから

七三年には倭勢力による小規模な新羅侵攻があり、倭国との局面は変わった。それでも、脱解王と瓠公大輔の《倭・倭コンビ》は新羅の末代、いや「新羅本紀」の記述上は高麗王室にまで通じる大功績を挙げている。

金王室の始祖となる赤ん坊を、王族として育てたことだ。

脱解九年（六五年）、脱解は夜、林の中で鶏が鳴く声を聞いた。朝になり、瓠公に林の中を調べさせると、金の小さな櫃が木の枝に引っ掛かっていて、その中に小さな男の子がいた。脱解は「天が世継ぎを下さった」と大喜びする。

脱解には少なくとも息子が一人いた。その息子の子供、即ち脱解の孫が後に王位に即くが、脱解の息子については母親が記されていない。正室（南解王の娘）の子供ではなか

ったのだろう。

瓠公により見付けられた男の子は、金の櫃に入っていたので、姓を「金」とする。名は（理由は出ていないが）閼智《アルチ》とする。金閼智は王にはなれなかったが、後年、大輔に就く。そして、金閼智の七世孫が初めて金姓で王位に即き（十三代味鄒《ミス》王）、十七代から五十二代まで、この一族が新羅の王位を独占する。

朝鮮半島や、北方の始祖神話には卵生が少なくない。新羅・金王室の始祖、金閼智の「閼」の発音は、卵を意味する韓語音と同じだ。そのためだろうか。あるいは、金官国の始祖王である金首露の「金卵降臨」神話と混同したのか。日本の古代史マニアの中には、金閼智も「卵の形で降臨」と思い込んでいる人が少なくない。

しかし、「新羅本紀」が伝えているのは、「金の小櫃」に入っていたとはいえ、「降臨神話」でもなければ、「卵生神話」でもない。

素直に読めば、「拾い子説話」だ。しかし〝ただの拾い子〟だろうか。

私は脱解の「隠し子」だと思う。

この時代、捨て子・拾い子は珍しくなかった筈だ。血筋をたいへんに重んじる新羅で、〝ただの拾い子〟を王が「天が世継ぎを下さった」と大喜びし、王族として育てることなどあり得まい。隠し子を権威づけて王室に引き入れるために、小細工したのだろう。

『隋書・新羅伝』に、こうある。

其王本百済人、自海逃入新羅、遂王其国

〈その王は、そもそも百済人だった。海から新羅に逃げ込み、やがて王になった〉

これは新羅の「金」王室に関する記事だ。その一族は馬韓（百済）から船で新羅（辰韓）に逃げてきて、そこで勢力を築き上げ、ついには王位に即いたというのだ。

馬韓から辰韓に逃げてきて、初期新羅の領域内で、辰韓の六部とは別に（おそらく現在の慶州市付近で）暮らしている集団があった。後代になって王を出し、「金」姓を名乗る集団だ。その一族の娘と脱解が私通して生まれたのが、金閼智だったと理解した方が納得がいくと思う。

金閼智について、『三国遺事』は以下のように記している。

――瓠公が夜、林の中で大きな光を見た。紫雲が天から垂れ下がり、雲の中には黄金の櫃があり、木の枝に引っ掛かった。櫃は光を発していた。……王に知らせ、王が櫃を開けてみると——

ここでは「黄金櫃」だ。

想像するに——古伝は朴赫居世も金閼智も降臨説話であり、金閼智が入れられていた櫃は「黄金」としていた。そうでなければ権威がない。ところが、十二世紀の史官たちは「子供が入るほどの黄金の櫃など、あり得ない」と判断した。そんな物があったのなら、新羅王室の宝物として高麗王朝に引き継がれていない筈はない。そこで、「金の小櫃」にした。

「金の小櫃」なら、金箔を貼ったものでもいいから、現実性がある。しかし、金箔を貼った小櫃とて、当時の庶民が持ち得る品ではなかったろう。

『三国遺事』は、朴赫居世の卵が発見された時と同様、「天から……」、そして古来、高貴な色とされる「紫」の伝承を伝えている。こちらは明らかに「降臨神話」だ。しかし『三国遺事』でも、櫃の中から出てきたのは卵ではない。

「新羅本紀」に戻る。

脱解は、この「拾い子」を機に国号を「鶏林」と改めた（井上秀雄訳『三国史記1』は、改めたのは林の名前で、それが国名になるのは後代とする）。

拾い子の所在は鶏が教えてくれた。拾い子は林の中にいた。故に「鶏林」というわけだが、王が国号を変えるほど喜ぶとは尋常でない。それも拾い子に因んだ国号だ。やはり、実子を王室に引き入れることに、まんまと成功したからだろう（『三国遺事』は、国号変更に関する別の説も併記）。

「新羅本紀」に記されている内容は、新羅・金王室の始祖である金閼智とは、倭種・脱解の隠し子であることを強く示唆しているのだ。

　そうではないとしても、新羅・金王室の始祖は《倭・倭コンビ》により発見されて、「昔」王室内部で王族として育《はぐく》まれた。やがて新羅では、王族同士の子供でなければ王位に即けない決まりができた。しかし金閼智は — おそらく、脱解の子息だったからこそ、誰も異議を唱えることもなく — 王族として扱われた。そして、その子孫は代々、王族との結婚を続けていたので、王の有資格者であり、ある時、王位に即けたのだ。

　金姓で初めて王位に即いた味鄒王の妃は、十一代目の助賁《チョブン》王（脱解の玄孫）の娘だ。

　つまり、新羅の三王室（朴、昔、金）のうち、「昔」氏はまさに倭種であり、「金」氏も倭色に塗《まみ》れて登場し、倭種「昔」氏の血と混じって王位に即く。「新羅本紀」は、新羅の建国初期には倭種・倭人が王位や大輔を占めるほど多大な役割を演じたばかりか、《倭・倭コンビ》がいなかったなら、その後三十六人の新羅王が輩出する金王室もあり得なかったことを伝えているのだ。

金王室は五十二代で一度、王位から離れるが、五十六代王に復活する。そして、五十六代王の姪と、高麗の始祖王との間に生まれた子供の流れが、八代目以降の高麗王を占め続けたことになっている。倭種・脱解の血は、高麗王朝にも流れ込んでいたというわけだ。

名君が多かった倭種王

「九州王朝論」の古田武彦も、「新羅の四代王は倭人」と解釈している（ネット古代史再発見第二回「王朝多元―歴史像」一九九八年九月二十六日更新分）。

この講演で、古田は四代王についてしか触れていないが、「新羅本紀」が伝える倭種に関する内容は、単に「四代目の王は倭種だった」ことだけではない。

新羅の五～八代王は、三代目の儒理の血筋（朴氏）に戻る。しかし、九～十二代王、一代（金氏）空けて十四〜十六代王は「昔」氏、即ち脱解の子孫が即く。

一般的には、新羅は十七代王の時代から、記録と年代に信憑性がある「歴史時代」に入るとされる。それより前、つまり新羅の基礎作りに当たる長い年月のうち、後半の王は殆んど倭種王・脱解の子孫が占めたのだ。

この点については、どうしても触れておきたいことがある。

半島古史研究では基本資料に位置付けられている井上秀雄・鄭早苗共訳の『三国史記4（列伝）』（東洋文庫、一九八八年）が、とんでもない訳註を付けていることだ。朴堤上《パクチェサン》（新羅の逆臣を装い倭国に入り、倭国に人質になっていた新羅王の弟を逃がしたため処刑された新羅人。第四章で詳述）の項だ。

「新羅第一代赫居世から第一六代訖解尼師今までの間、第四代の脱解尼師今の昔氏を除いて朴氏が王位につき、金氏王系は第一七代味鄒尼師今からである」（筆者註＝尼師今とは当時の新羅の王号）と。

これは、あまりにも酷《ひど》い。全文が誤りだ。即ち、訖解《コレ》は昔氏であり、金氏の味鄒は十三代王であり、十七代王は味鄒ではなく奈勿《ナムル》（金氏）だ。

「全文誤り」の訳註が、どうして付けられたのか。新羅の十六代までの王のうち半数が

図5　新羅王系図

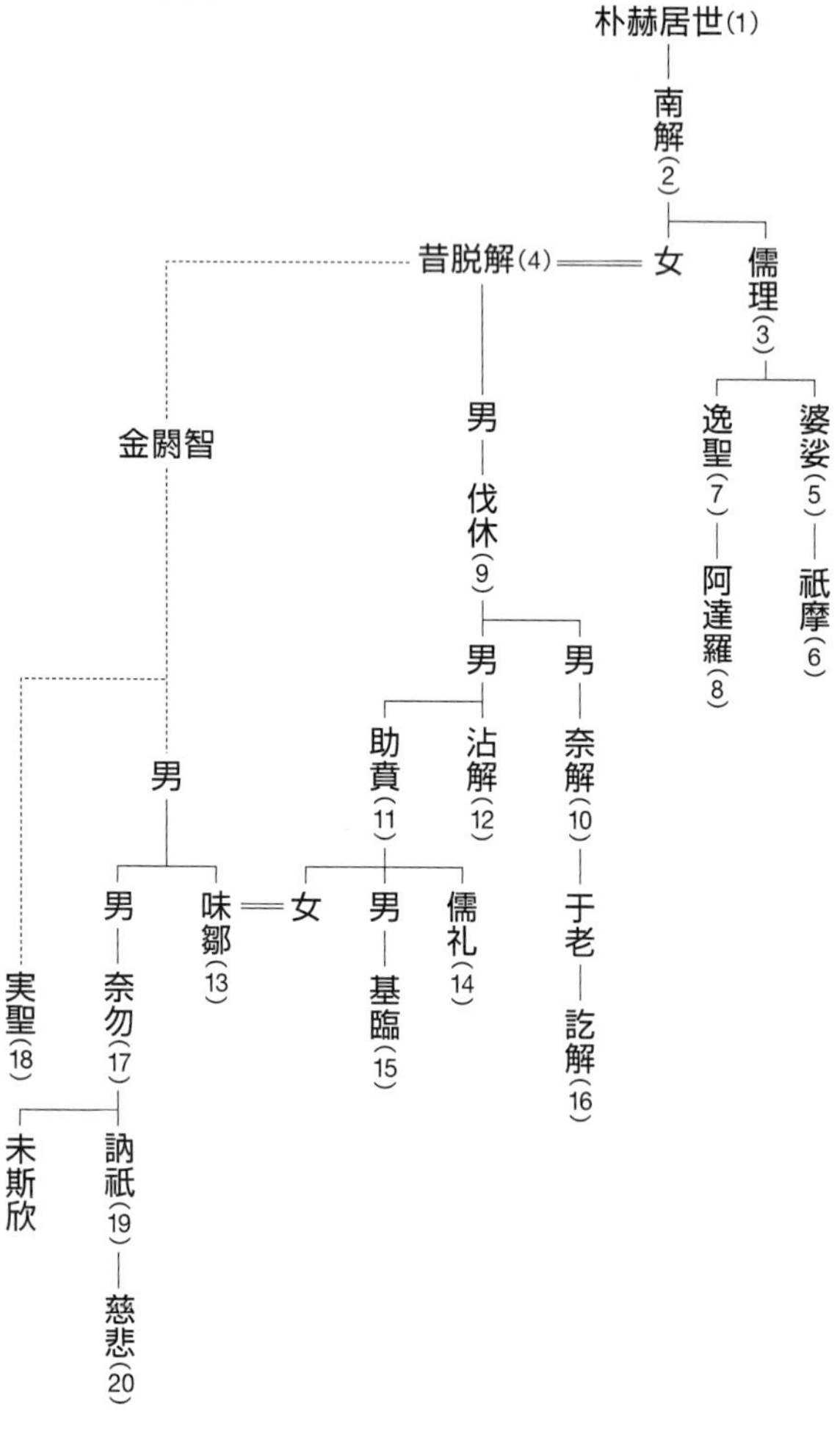
朴赫居世(1)
南解(2)
女
儒理(3)
昔脱解(4)
婆娑(5)
祇摩(6)
逸聖(7)
阿達羅(8)
金閼智
男
伐休(9)
男
男
奈解(10)
助賁(11)
沾解(12)
男
男
味鄒(13)
女
男
儒礼(14)
于老
実聖(18)
奈勿(17)
基臨(15)
訖解(16)
末斯欣
訥祇(19)
慈悲(20)

倭種の系統なのに、この訳註によれば、倭種は脱解ただ一人になってしまう。『三国史記４（列伝）』は、実際には鄭早苗（桃山学院大学非常勤講師）の単独訳で、井上秀雄（樟蔭女子短大教授、後に東北大学名誉教授）は「１」～「３」の訳者であるため、「４」にも形式的に名を連ねただけだ。井上自身が「４」の「（全体の）あとがき」で書いている。

朴堤上の項を改めて読めば、正しい内容の訳註だったとしても、「そんな訳註を入れること自体が不自然」と思われる箇所だ。鄭早苗は、この訳註挿入と、自らの国籍（韓国）との関係を疑われても、いたしかたあるまい。

「新羅本紀」は、それぞれの王の初年の条に、その父母、妃の父母、前王との関係を記している。特異な容貌が紹介されている場合もある。

とはいえ、ほとんどの王は、父母と妃に関する簡潔な紹介だけで治績記事に入る。ところが倭種王の場合は、例えば十代王の奈解《ナヘ》なら、「容貌、立ち振る舞いは雄々しく優れ」までは容貌の紹介だが、「俊敏な才があった」と続く。

十一代王の助賁は「背が高く容姿が立派」までは容貌の紹介だが、「重要な場面で明快な断を下した。国人は王を畏れ敬った」とある。倭種・昔氏の王には、名君が多かったと推察できる。

つい最近まで黒い飯だった半島

特記すべきは九代王の伐休《バリュ》だ。

「風雲を占い、水旱や穀物の豊凶を予知することができ、人の正邪を見抜いた。人々は伐休を聖人といった」と。

古代農業国家の指導者＝王として、これほどの紹介文面は、他の史書に出てくる他国の王にも滅多にあるまい。「新羅本紀」の中で、「聖人と呼ばれた」とされる王は、初代の朴赫居世と、倭種の伐休王だけだ。

「飛躍しすぎ」との非難を浴びるに違いないが、ここから私は、半島に、その時代ならではの新しい農法（稲作を含む）や、予想される気象条件への対応農法を指導したのは倭種（王）だったと推理する。

私には、多くの日本人が未だに「稲作は半島からの渡来人に教えられた」と漠然と信じていることが、たいへんに不可解だ。

なぜなら、稲の日本への伝播が、中国・雲南省から東シナ海を経由して九州に達するルートだったことは、とっくの昔に結論が出ている。佐藤洋一郎（静岡大学助教授）を中心とするDNA解析を駆使した研究の成果だ。「半島経由だ」と主張しているような植物伝播の研究者は、日本はもとより世界にいないだろう。

韓国の『高等学校国定国史』（第七次教育課程、日本の学習指導要領に該当）ですら、稲作の伝播経路を示す地図の中で、列島への伝播は中国南部から東シナ海経由としている。ここに〔半島→列島〕の表示はない。

しかし、新しい学究成果が教科書に載るまでには時間がかかることもあり、「かつて学校で習ったこと」は長く真実の知識として人々の頭の中に残るのだろう。

韓国人も多くは、今でも「我々（の祖先）が倭奴に稲作を教えた」と信じている。

考古学の研究成果によると、三千五百年前には馬韓地域に米があった。この研究成果を否定するわけではないが、『三国史記』を読むと、「三千五百年前の米」とは、きわめて特殊な存在であり、半島南部でさえ稲作が、それも〝地域限定的〟に始まるのは紀元後ではないかと思えてくる。

『三国史記』はあくまでも政治・外交（戦争）の記録が中心だが、農業の記事がないわけではない。飢饉に関する記事は頻出する。

「新羅本紀」には「嘉禾《カファ》」という熟語が何度か出てくる。初出は一八六年七月の記事で、「南新《ナムシン》県が嘉禾を献上した」とある。『完訳・三国史記』の訳者である金思燁は、嘉禾とは「穂が沢山なっている大きい稲」と註記している。

これが正しければ、「新羅本紀」での「稲」の事実上の初出となる。しかし、早場米があったわけではない。陰暦七月に見事な稲穂を献上するのは無理だ。これは、おそらく冬播きの麦だろう。南新県は八四年の記事では麦の産地として出てくる。

韓国への稲作の伝播は山東半島や遼東半島経由と、韓国の『高等学校国定国史』(日本での訳本は『韓国の高校歴史教科書』三橋広夫訳、明石書店、二〇〇六年)は記している。そうであったとして、実際に稲作を指導したのは倭種だったのではあるまいか。

「農業に力を入れよ」と指導した王は、「新羅本紀」にも「百済本紀」にもみられる。しかし、「風雲を占い、水旱や穀物の豊凶を予知することができ……人々は聖人といった」――まさに農業に特定したような紹介記事は、『三国史記』全編を通じて伐休王にしかない。個々人の業績を描いた「列伝」の中にも、農業専門家は出てこない。

ただ、伐休王のような存在がいて稲作を指導していたとしても、その後も新羅の主食は粟だった。新羅の滅亡から、およそ九百年後に〝日帝〟が凄まじい財力を投入して農業基盤整備事業を推進するまで、半島の庶民は銀シャリ（白米一〇〇％の飯）など口にできなかったのだ。

戦後の韓国で、大手マスコミに勤務する人間は、他から羨まれる高給取りになった。それでも一九八〇年代初頭の韓国で、大手新聞である中央日報社の社員食堂の飯は、依然として大麦や豆の他に様々な雑穀が混じった〝黒い飯〟だった。その当時はまだ、米を炊く際には、一定比率の雑穀を混ぜなければならない「国民の混食義務」があった。「韓流ドラマ」に出てくる食事や料理作りの場面に、ゆめゆめ騙されてはいけない。「韓流ドラマ」については、韓国の新聞も「時代考証ゼロ」と批判している。

韓族は「教える立場」にあったのか

農業は馬韓・百済地域の方が発達していたのではないかとの指摘も出るだろう。「百済本紀」には三三年に「稲」の字が初出する。

しかし、それは「二月、下令国南州郡、始作稲田」〈王は国の南部の州郡に命じて、初めて稲田を作らせた〉との記事だ。

「始作稲田」とは、陸稲のための畑を初めて作らせたという意味だ。中国、半島とも、漢字の「田」は日本の「畑」を意味する。半島では水田を「畓《タプ》」字で示す。もとより、陸稲の前に水稲があった筈はない。
「三千五百年前の馬韓地域に米があった」のは事実として、王による「始作稲田」の命令が正史に記載されたのは、それが画期的な命令だったからだ。逆に言えば、「三千五百年前の米」は、どこまでも特殊な存在なのだ。
農業・食糧に関していえば、「百済本紀」で目立つのは、むしろ飢饉の記事の方だ。例えば、比流《ビリュ》王二十八年（三三一年）の記事は、こうだ。

春夏大旱。草木枯、江水竭。至秋七月乃雨。年饑、人相食
〈春から夏まで大変な旱魃だった。草木は枯れ果て、川や井戸の水も涸れた。七月になり雨は降ったが、飢饉は深刻化し、遂には人を殺して、その肉を食べあった〉

では、北部の高句麗は――。『三国史記・高句麗本紀』に見るべき記述はないが、中国史書には面白い記述がある。いくつもの史書に同じような記述があるが、典型とすべきは『三国志・高句麗伝』だ。

無良田、雖力佃作、不足以実口腹。其俗節食、好治宮室

「佃」は、人が田（先に述べた通り畑）を耕すことであり、「好治宮室」の主語は王室だ。「治」は造営、整備の意味だ。意訳すれば、こうなる。

〈その地は痩せていて、その民はよく働くが、腹を満たすことは到底できない。それで民は常日頃、食事も満足に摂れないが、王室はそんなことにはお構いなく、宮殿を飾り立てることに熱心だ〉

高句麗とは、今日の北朝鮮から中国吉林省にかけてあった古代国家だ。言うならば、北朝鮮の前身だ。

上記の一節は、「……其人性凶急、善寇鈔」へと続く。

「人」は「民」と違い、支配層（本来は知識人）を示す字だ。ここの「善」は、善良とは用法が違い、善怒などの「しばしば」の意味だ。「寇」は「あだする」、武力をもって攻

めることであり、「鈔」は「かすめ取る」ことを意味する。

〈その支配層は短気で凶暴で、しばしば「寇鈔」を働く〉

「寇鈔」とは山賊行為であり、それが人身拉致を含むのは当然。となると、「無良田……善寇鈔」までの一文は、もしや今日の北朝鮮のことを述べているのではないのかとさえ思えてくる。

まさに「故事は今を知る所以」だ。ともかく、半島北部は、満足な食事も摂れないような状況が続いていた。この地域は寒冷な気候であり、その主食は満州と同様、稗《ひえ》だったのだろう。

一方、列島では三千五百年前（縄文後期）には、確実に稲作をしていた。稲の単位面積当たりの収穫量は、他の穀物──大麦、小麦、稗、粟などの追随を許さないほど多い。大人口を支えやすいわけで、文化力の礎《いしずえ》になる。

佐藤洋一郎によれば、日本の稲作の始まりは、さらに古く、五千年前の縄文中期の遺跡からも米粒が出土している。その中には、朝鮮半島に存在しない品種がある。

やはり五千年前の青森県・三内丸山では、既に栗や瓢箪が人工栽培されていたことがDNA解析により確認されている。〝文明の入り口〟とされる北九州から遠く離れた本州の北端にいた倭種も農林業の高度ノウハウを持っていたのだ。

そして、縄文時代に関する古いイメージ（漂泊・採取時代）とは懸け離れた「豊かな食生活」を享受していた事実が判明しつつある（佐藤洋一郎『縄文農耕の世界―DNA分析で何がわかったか』二〇〇〇年、PHP新書＝など参照）。

DNA分析が示す科学的事実。そして『三国史記』に僅かながらも示されている半島内部の農業史、さらには中国史書を併せ読めば、新羅人や百済人、あるいは高句麗人は、とても倭人に稲作・米作りを伝授したり、農業を指導したりするような立場ではなかったと判断するのが妥当なのではないのか。

韓族が倭人に稲作をはじめとする農業を教えたのなら、日本の農業関係用語には韓語に似た語彙がたくさんあって然るべきだが、私が知る限り全く存在しない。

新羅の南は「倭地」だった

古代新羅にも倭種が住んでいたことは前章で述べた通りだが、その南にある弁韓―

俗に「任那」と呼ばれる地域には、より高い比率で倭人・倭種が住んでいたことは確実だ。それは『三国志』からも、『三国史記』からも読み取れる。

『三国志・韓伝』の「辰韓・弁辰の項」には、「国出鉄、韓、濊、倭皆従取之」〈その国は鉄鉱石があり、韓族、濊族、倭人がほしいままに鉄鉱石を採っている〉とある。

『三国志・韓伝』の書き出しは、こうだ。

韓在帯方之南、東西以海為限、南与倭接、方可四千里

〈韓は帯方郡（ソウルを中心とする地域）の南にあり、東西は海を以って限りとなし、南は倭と接し、四方は各四千里ばかりだ〉（筆者註＝『三国志』の里は古代中国の短里）

それに続く『魏志倭人伝』は、女王国に至る行程を、次のように書き進めている。

従郡至倭、循海岸水行、歴韓国、乍南乍東、到其北岸狗邪韓国、七千余里、始度一海、千余里至対海国

〈郡より倭に至るには、海岸に循《したが》って水行し、韓国（馬韓）をへて、あるいは南し、

あるいは東し、その北岸狗邪韓国に到着するまで、七千余里。初めて海を渡ること千余里、対馬国に至る〉

これは『倭人伝』なのだから、素直に読めば「其の北岸の狗邪韓国」の「其の」とは「倭」のことだ。韓族が主体の国家のことなら、「南岸」でなければならない。

「魏の史官が、南と北を間違えて書いたのだろう」と言う研究者もいる。しかし、ある箇所について「間違えて書いたのだろう」といった〝読み手の恣意〟を入れたら、古史書からはどんな解釈も導き出せる。

そもそも、東アジアに伝わる正史とは、「うっかり間違えて」といった隙が、まずあり得ない性格の書物だ。現代人の常識で「おかしい」と思う箇所も、王命あるいは重臣の命令を受けた史官たちは、どこまでも真面目に、緊張して書いたのだ。そこに表わされている認識を、〝現代の教科書的常識〟を基に「間違いに決まっている」と断定する姿勢には賛成できない。

明らかなことは、「狗邪韓国」と号する国家を、三世紀後半の中国人は「辰韓・弁韓二十四カ国の中の一国」に数えると同時に、「倭国に属する国」と認識していた事実だ。

「倭国に属する国」――支配者は倭人であり、住民にも倭人がたくさんいたのだ。

「そんなバカな、学校でそんなことは習わなかったぞ」と言う人も多かろう。

しかし、ちょっと考えてみよう。二千年近く前、倭人は鉄鉱石を得るために、わざわざ海を渡って「出稼ぎ」に行っていたのだろうか。住んでいたと見るのが妥当だ。ならば「倭国は半島南部から鉄を〝輸入〟していた」という〝常識〟も誤りだ。「鉄を〝移入〟していた」のだ。

三韓の領域が、現在の韓国のように半島の南岸まで達していたのなら、『三国志・韓伝』の記述は、「東西も南も海を以って限りとなし……」、あるいは「南、海を隔てて倭あり」となっていなければ、おかしい。が、事実は「南は倭と接し」と記している。

何故なのか。素直に考えれば「地が接していた」のだ。

『三国志・韓伝』は、こうも述べている。

弁辰与辰韓雑居……其瀆盧国与倭接界
〈弁辰は辰韓と雑居し……その瀆盧《トンノ》国は倭と界を接している〉

瀆盧国とは、今日の釜山《プサン》市西域と見られている。狗邪韓国は、今日の金海市だ。中国の正史で、六世紀前半の状況を記している『南斉書』にも、同じ記述がある。即ち、弁韓という長い海岸線を有する地域ではなく、その中の特定国を挙げて「与倭接界」としている。この表現に「海を隔てて」の意味があるとは解釈できまい。

しかし、「新羅本紀」には、倭兵が海岸に侵入したとの記事が多数ある。

「倭が大飢饉になり、食糧を求めて（倭人が新羅に）千余人も来た」（伐休王十年＝一九三年）ともある。

この倭人たちは、どこに住んでいたのだろう。倭人は飢饉に見舞われると、わざわざ玄海灘を舟で越えて、半島に行けば何とかなると思っていたのだろうか。玄海灘を舟で越えたのだとしても、行き着く所はまず狗邪韓国だ。餓えた倭人は狗邪韓国を左手に見ながら、さらに舟を漕いで新羅まで行ったとでも言うのだろうか。

「倭人がしばしば領域に侵入するので、縁辺に二城を築かせた」（慈悲《チャビ》王六年＝四六三年）という記事もある。「海岸に柵・鎮（砦の意）を築いた」のなら、よく解る。しかし、朝鮮半島で言う「城」とは、日本語で言えば「山城」を意味する。

となると、舟で侵入してくるのではなく、国境に「山城」を築いて防ぐべき「倭」とは、どこにいたのか。

素直に読めば、「新羅本紀」は、新羅より南方 ― つまり広義の「任那」地域にいた勢力を、すべて「倭（人）」あるいは「倭兵」と表記しているのだ。

しかし、そこには韓族も濊族もいた。先に引用した「国出鉄、韓、濊、倭皆従取之」の表記からすると、韓、濊の方が多数派だった。それなのに、「新羅本紀」が新羅より南方を一貫して〝倭地〟として扱っているのは、そこでは倭人・倭種が政治の指導権を握っていたからと見るほかあるまい。

「新羅本紀」は、新羅の南は倭地という認識で一貫している。ところが、王が「百済と結び海を渡って倭を討とう」（十四代の儒礼《ユレ》王＝倭種）、「倭が対馬に軍営を置き兵糧を貯えて準備しているので、そこを討とう」（十八代の実聖《シルソン》王）などと提起する話が出てくる（ともに、重臣に「我等は海戦に慣れぬ」などと諫《いさ》められる）。

何の不思議もない。倭の勢力は、半島内では新羅の南方を占めていたが、その本拠は海を渡った南側にある ― これは〝古代東アジアの常識〟だったのだ。

だから『後漢書』は、倭奴国を「倭の極南界」と記述し、『魏志倭人伝』は狗邪韓国を「其（倭）の北岸」と明記しているのだ。

半島西南端の前方後円墳は何を語るか

新羅より南の地域は「倭」であり、その本拠は海を越えた九州にある——この古代地勢図を認めないと、倭国勢力による新羅攻撃が、いかにも不可解なことになる。

即ち、列島にだけあった倭国は、半島南部には手を付けないまま、東側に迂回した所に存在する新羅だけを執拗に攻めていたことになってしまう。

あるいは、「半島では狗邪韓国だけが倭国の一国」と認めたとしても、狗邪韓国と新羅の間には倭に従わない韓族の国家がいくつもあるのに、倭兵はそうした国家をすり抜けて、山をいくつも越えた向こうにある新羅だけを攻撃していたことになる。

しかも、その新羅とは、沃地でもなければ、貴重な鉱産物が出る国でもない。

新羅は国域を北、南、西の三方に拡大した。が、倭国は、新羅以上の猛スピードで半島南部に勢力を築いていった。おそらく半島南西部から南東部に進む流れだったのだろう。

半島の西南端に当たる栄山江《ヨンサンガン》地域に、十数基の前方後円墳があることに着目すべきだ。

これらが前方後円墳と確認された瞬間、韓国のマスコミは「日本独特の墓制とされてきた前方後円墳も、韓国が起源だったことが明らかになった」と報じた。

幼い頃から「日本の文化文明は、すべて韓民族が倭奴に教えてやったものだ」と刷り込まれてきた韓国人記者には、そうとしか考えられなかったのだろう。

しかし、その後の調査で、栄山江地域の前方後円墳は五～六世紀の築造と明らかになった。日本の前方後円墳は三世紀には出現している。

つまり、五～六世紀の半島最西南部には、端から端まで百メートル近い墓を造る倭人・倭種の強力な勢力があった。『後漢書・韓伝』は、馬韓の領域について「其北与楽浪、南与倭接」〈その北は楽浪郡と、南は倭と接する〉と書いている。半島最西南部は、後漢の時代には既に倭人・倭種が支配する領域だったと言っているのだ。

そうだろう。金海市周辺よりも、ここに大勢力があってこそ、楽浪郡と通交しやすい。

一方、半島東部の釜山市で海に注ぐ洛東江《ナクトンガン》は、河口から七十キロ上流でも河床海抜がほぼ〇メートルだ（広島大学国際協力研究科『韓国洛東江の水質汚染とその回復—調査報告』）。

そんな緩やかな川だから、古代はちょっとした降雨でも平野部は水浸しになり、塩害も酷かったろう。新羅も同様だったと思われる。

従って、農耕の適地は山間の盆地であり、盆地ごとに「辰韓の六部」のような小国家があったのだろう。『三国志・韓伝』が「弁辰と辰韓は雑居す」としているのは、三世紀中葉の半島南部では、韓族主体の盆地国家群（辰韓）と、倭人・倭種が指導権を握る盆地国家群（弁韓）とが――おそらく、洛東江上流地域を中心に――入り乱れた状態にあったことを示していると理解していいだろう。

そうした盆地国家の伝統的な王家を、倭人・倭種が倒して、新たな指導者になったこともあろう。あるいは、伝統的な王家に、倭将の娘が嫁いだこともあろう。

『宋書』にある倭王・武が四七八年、宋の順帝に宛てた上表文で述べている「自昔祖禰、躬擐甲冑、跋渉山川……渡平海北九十五国」〈わが祖先は甲冑を身にまとい、山川を駆け巡り……海を渡っては海北の地を平らげること九十五カ国〉とは、そうした状況の回顧だ。

倭国も新羅も、三世紀後半までには盆地国家を次々と勢力圏に収め、遂には両者の勢力圏が接した。そうでなければ、倭国勢力と新羅の本格的対峙は起こりようもない。

圧倒的に強かった倭兵

「新羅本紀」の前半部分には、脱解の子孫である倭種系の王が次々に出てくる一方で、倭国（倭兵、倭人の表記が多い）に攻め込まれる記述が頗る多い。ここに出てくる倭の軍兵とは、倭人だけの部隊だったとは想定し難い。指揮官は倭人だっただろうが、弁韓にいた韓族、濊族の方が、純粋倭人よりずっと多かった筈だ。

倭兵の食糧が尽きるまで籠城して、倭兵が退却するところに追い討ちをかけ、戦果を上げる記述は何カ所か出てくる。

それを読むと、倭の将（日本のトップ）とは、昔から「敗戦の教訓」を引き出すことが苦手で、同じ敗戦パターンを続けていたのだと思う。

しかし、戦いは倭の侵攻から始まる。新羅は攻め込まれる側だ。そして、王都どころか、王城が何日も倭兵に包囲されたとの記述も複数個所ある。

異民族主導の兵隊が、首都の防衛線を破って侵入し、王城を包囲する ― これは一国にとって大変な事態だ。隣り合う国と国境で戦い、敗れたというのではない。

人員、装備（武器や食糧）の面で大きなハンディーを持つ遠征軍に、首都を蹂躙される。逆に言えば、五世紀半ばの時代まで、倭の軍勢は、よほど強かったのだ。

倭兵が退却するところを追撃して戦果を上げたことがあったとしても、その時代、新羅が倭国・倭兵の戦闘力の前にタジタジになっていたことは明らかだ。「倭の出兵がある」との噂だけで、住民が慌てふためき山に避難する記事もある。

次に紹介する于老《ウノ》の話は、そうした力関係を物語る上で象徴的だ。

于老とは、時の十二代王（昔氏）の従兄（十代王）の子で、古代新羅の名将だ。百済との戦いなどで大戦果を上げた。かつ兵を慈しみ、兵から慕われた。

「兵から慕われた」という評価がある部将は、『三国史記』全編を通じて于老だけだ。

ところが、倭の使節を接待した席で、「そのうちに倭王は塩汲み奴隷に、妃は飯炊き女になるだろう」と冗談を言ったことが、命取りになる。

この宴席での冗談は通訳付だったのだろうか。通訳がいたら、冗談がストレートに倭側に伝えられることはなかったのではないか。また後日、言い逃れもできた。

倭種の于老は韓族化していたとはいえ、倭語を話せたと見るのが一つ。逆に、倭人であれ半島南部に長く住み、韓族化していた倭将が韓語を話したとも想像できる。

どちらにせよ、この冗談を伝え聞いた倭王が怒り、倭国が出兵する。

これに対して于老は、「すべて自分の責任」として、幼い息子を連れて倭の陣営に出向き謝罪する。しかし倭将は許さず、于老を火炙りの刑に処する。

同じ『三国史記』でも、「新羅本紀」は二四九年、「列伝・于老」は二五三年の事件としている。いずれの年代でも、この倭王は、卑弥呼と壹與の間にいた男王のことだ。

「更立男王、国中不服、更相誅殺……復立卑彌呼宗女壹與、年十三為王、国中遂定」〈(卑弥呼の死後)改めて男王を立てたが国中に反発が起こり、殺し合いになった……そこで卑弥呼の同族にいた壹與を、まだ十三歳だったにもかかわらず王にしたところ、国は平穏に戻った〉と、『魏志倭人伝』が末尾に伝えている男王だ。

その男王には、なぜ国中が反発し、殺し合いが再発したのか――『魏志倭人伝』には何の説明もないが、『三国史記』が補ってくれる。たいへんに誇り高く、かつ短気……で、国が治まらなかったのだろう。

新羅の領土内で戦い、それが小休止状態になると、倭国の使節が王都を訪れ、新羅側が宴を張ってもてなす。まさに敗戦国の姿ではないか。そして、倭兵が再び王都近くまで侵攻してきて、最高位の王族であり、かつ兵に慕われていた名将が火炙りにされても戦争にはならない。新羅は黙っていたのだ。

これは、倭国が新羅に対して圧倒的優位にあったという以外に、どんな解釈が成り立つのだろうか。

半島の倭兵は、なぜこうも強かったのだろうか。馬を戦争に用いることを知っていた民族と、知らなかった民族との戦いを除けば、古来、武器と指揮系統を持つ軍団同士の長期的な戦いとは、文明力の差により、その帰趨が決まってきた。

「新羅本紀」が描く三世紀後半からの倭の圧倒的攻勢も、鋳造の刀と鍛造の刀の違いに象徴されるような、文明力の違いによったと見るのが素直な解釈ではないのか。

一世紀半ばには、倭国は漢（楽浪郡）と直接の繋がりがあった。楽浪郡の遺跡からは贅を尽くした品々が出土するが、それが韓族の領域に広く流れ出ることはなかった。特に新羅の場合は、楽浪郡との間に濊族・貊《ペク》族の居住地域があったから、楽浪郡と新羅はほとんど交渉がなかった。

となると、倭人・倭種は韓族から何を習ったのだろうか。

中華文明は半島を通じて列島に入ってきたと言われる。〝日本の常識〟だ。しかし、半島南部に倭人・倭種が確固たる地歩を築いていて、韓族を尻目に早々と漢と直に繋がっていた。であれば、中華文明を列島本国へ伝えたのは、韓族ではなく、半島にいた倭種・倭人だったと見る方が自然だ。

では漢字や、寺院の建設技術は――。記紀が伝えているのは、大和朝廷に対する公式伝達のことだろう。

一世紀に漢と外交交渉をした倭人が文字を見なかった筈はない。卑弥呼が漢字を読めなかったなら、張政が魏皇帝の詔《みことのり》を持参することも意味をなさない。

『隋書・俀国伝』の「俀国に文字なし」とは固有の文字のことではないのか。そもそも、『隋書』が伝える俀王とは、阿蘇山の近くにいた。卑弥呼と同じ王朝なのだろうか。

では、寺院建設の技術はどうなのか。旧百済地域でもいい、旧新羅地域でもいい。半島の古刹を初めて見た日本人は、その柱の歪みの酷さに仰天する。地震がある国では、とても保《も》たない。日本の大工分野の技術用語にも、韓語の面影は発見できまい。

安羅は倭人の国だったから

列島（おそらく九州）にいた倭王には、狗邪韓国など弁韓諸国も、新羅など辰韓諸国も、在住倭種の比率に差はあれ、韓族と倭種、さらには濊族や中国系流民が雑居しながら混血が進むという点で、「同じような国々」としか見えなかったことだろう。

そうした中で、新羅が他国と違う点といえば、ただの盆地国家ではなく領域が広く、早い時代から倭種が王位にいるのに、しぶとく屈服しないことだったろう。

しかし、四世紀後半になると、北方から高句麗が新羅を本格的に攻撃してくる。新羅は高句麗に人質を送る。そして、高句麗から戻った人質が、前王の太子でもなかったのに王位に即く（十八代実聖王）。「新羅本紀」は漠たる筆致で書いているが、『三国遺事』は、新羅にいた高句麗軍兵がその王を殺し、新たな王（十九代訥祇《ヌルギ》王）を立てたと明確に記している。つまり、この一時期、新羅は高句麗の属国になっていたのだ。

その間も、南方からは倭国の侵攻が続いて、遂には高句麗と倭国の勢力圏が新羅の王都で接した。

そうした状況を生々しく伝えてくれるのが、広開土王《クワンゲト》（高句麗十九代王＝在位三九一〜四一二年）の碑文だ。

——（四〇〇年）新羅の王城内まで倭兵が満ち、王城を壊し始めた。高句麗は、新羅王が自らを「奴客」とまで謙《へりくだ》って記した救援要請を受け、百済を襲撃しようとしていた五万の大軍を、新羅の救援に振り向ける。

高句麗の大軍に追われた倭兵は、半島南部の本拠地である「任那加羅」に向けて敗走する。が、深追いした高句麗軍の脇腹を、安羅《アルラ》の軍兵が突いてきた。そして、安羅軍が慶州を占領してしまった——

圧倒的勢いの高句麗軍と、潰走する倭兵 ― 安羅（今日の韓国咸安郡《ハマン》）が、倭国に屈伏させられた〝単なる属国＝韓族の国〟だったのなら、これは倭の支配を脱する絶好の機会だった筈だ。ところが安羅は、この戦いでは全く分のない倭を積極的に助ける軍事行動に出た。

安羅もまた、明らかな「倭人の国」だったからだ。

この戦乱の後、新羅は倭の本国にも前王の子を人質として送った。つまり、新羅を主戦場とした倭と高句麗の対決は ― 少なくとも新羅の立場から見れば ― 広開土王碑が示すような〝高句麗の圧勝〟ではなかったのだ。

「新羅本紀」四七七年の条には、「倭人が挙兵し、五道から攻めてきた」とある。「五道」とは、慶州から北西、西、南西方面に延びる五つの街道のことだ。その一つは「任那《イムナ》街道」と呼ばれていたようだ。

半島東南部で、倭人がどんな拠点を占め、どんな指揮系統が機能していたならば、五道から同時に新羅に侵攻するような戦術を進めることができたのか ― 「任那はなかった」と主張している研究者に、ぜひ解答してもらいたい。

第三章　国民に知らせたくない歴史がある

この近親婚の記録を知らない？

「新羅本紀」で、王の父母と、妃の血縁関係を見ていくことは、とても良い〝頭の体操〟になる。

例を挙げよう。

九代目の伐休王（昔姓）は脱解の孫だ。八代目の阿達羅《アダルラ》王（朴姓）が子を儲けないまま没したので、王位に即いた。十代奈解、十一代助賁は、ともに伐休王の孫だ。

ここまでは苦労が要らない。しかし、こう続くと、いかがか。

――十代王の妃は十一代王の妹であり、十一代王の妃は十代王の娘だ。そして十一代王の母は、十三代の味鄒王（金姓で初の王）の異母姉（妹）であり、十三代王の妃は十一代王の娘――これはもう、系図を描いて進まないと、理解できない。

十一代目の助賁王にも息子がいた。味鄒王の没後、十四代目に即く儒礼王だ。

この王は北方系の出生神話を持つ。

「母が夜道を行く途中、星の光が口の中に入って身籠った」というのだ。

現代流に解釈すれば、「不義の子」を示す話なのかもしれないが、その母は朴姓。味鄒王の母も朴姓だ。

この時代に、朴姓が付されている者は全て、初代王だった朴赫居世の子孫だ。十四代の儒礼王の母親と、十三代の味鄒王の母親が、単に後に「朴」を名乗る集団の中にあっただけではなく、王妃として嫁ぐに相応しい本流にあり、極めて近い親族だったことは当然だろう。

十七代からは、改めて金姓の王になる。十七代の奈勿王は、十三代の味鄒王の甥に当たり、その妃は味鄒王の娘だ。

新羅の王族とは近親婚集団であり、近親婚集団であることを根拠にして、排他的身分階層としての「王族」（王家ではない）を構成していたのだ。

こうしたことは「新羅本紀」を読めば、誰にでも分かる。何よりも解りやすいのは、金富軾が「論曰」（史書の中で編者の個人的意見を述べる欄）で、〝新羅の王族が近親婚を続けていたことの、どこが悪いのか〟と開き直っている部分だ（詳しくは後述）。

そうした歴史があったのに、韓国人はいま、日本人に向かって「お前たちは淫猥だ」と罵り、その証拠として①兄が死ぬと、弟と嫂《あによめ》が結婚する（嫂婚《そうこん》制）、②近親婚（いとこ婚）が許されている──ことを挙げる。①②とも、日本では法的問題は何もない。ただ、①は、最近は殆んど聞いたことがないし、②も滅多にあるケースではない。ところが韓国人の多くは、①は「そうしなければならないことになっている」、②は「よくあること」と信じているようだ。

①も②も、「現代韓国的儒教精神」（本来の儒教とは、様々な点で異なる）からすると「絶対にあってはならないこと」であり、現に韓国では民法が改正されようが、「同姓不婚」の教えは、ほとんど揺るがないようだ。そうした状況を〝儒教精神上での対日優位〟と捉えているから、「日本人＝近親婚集団＝淫猥」の悪罵になる。

「そうではない」と日本の現状を説明するのは無駄なことだ。なぜなら、「日本人＝近親婚集団＝淫猥」論は〝全国民の絶対的上位設定概念〟の一つだからだ。きっと、日本が「鬼畜英米論」で固まっていた時代、誰も大声で「英米は良い国だ」とは言えなかった状況に似ている。知っている人は知っている。信じている人にはいくら説明しても、せせら笑われるのが落ちだ。

それなら、「あなたは『三国史記』を読んだことがないのですか」と指摘すればよかろう——との意見も出よう。

が、それも無駄なことだ。私は五年間、ソウルで取材し、その後も韓国人との付き合いがある。が、私が尋ねた中に「『三国史記』をちゃんと読んだ」と答えた韓国人は一人としていない。

ただ二年余り前、「ネットでハングル訳をちょっと読んだ」という韓国人に会った。今日の韓国人は殆んど漢字を読めない。自分の姓名すら、漢字では書けない韓国人も珍しくはない。

しかし、ネットにハングル訳があるなら——私もアクセスしてみた。それは「三国史記・案内と検索—デジタル韓国学」というサイトで、「ウィキペディア三国史記」のページがリンクを張っていた。

各王について一年ずつページが分かれており、まず漢字の原文があり、その下にハングル訳が付いている。しかも、原文と違う漢字を記した箇所には「原文は○だが、三国史節要・鋳字本により修正した」といった註があり、「原文○は□の異字体」との説明もあった。

「これは便利だ。国会図書館に行って今西龍（京都帝国大学、京城帝国大学併任教授）校訂の古本に当たらなくても済む」と、私は小躍りして〝お気に入り登録〟した。だが、改めて画面を見て愕然とした。

各王とも「初年の条」がないのだ。つまり、「近親婚の連続」を示す記述部分がスッポリと落とされているのだ。脱解王の場合なら、「脱解本多婆那国所生也。其国在倭国東北一千里」も、そこにはないのだ。

そして二〇〇八年四月頃からは、そのサイトそのものが消滅してしまった。

後日談になるが、〇九年八月、改めて検索してみると、韓国語版の「デジタル韓国学」サイトの中に、体裁を改めた形の『三国史記』があった。が、今度は「初年の条」はあるものの、それ以降がない。どうなっているのだろうか。

こんなことがあるから、漢文のハングル訳サイトは、どんな落とし穴がありはしないかと、信用できないのだ。

村ごとに同姓にした背景は

ところで、近親婚は王族に限られていたのだろうか。古代の王国で、王族の公々然たる慣習とは公序良俗だ。私は、この公序良俗が王族に限られていたとは思わない。

一つの傍証は、三代目の儒理王が「辰韓の六部」の各村の名称を改め、各部の村民に姓を与えた（三二年）という「新羅本紀」の記事だ。

「高墟《コホ》部を沙梁《サリャン》部に改め、姓を崔《チェ》に。大樹《テース》部を漸梁《チョムニャン》部に改め、姓を孫《ソン》に……」といった具合に。『三国遺事』は、王が下賜した名称の一部に違いがあることを伝えているが、どちらにせよ、王は一つの部（村）ごとに、住民全員を同姓にしたのだ。

これは、各村内部が何重もの近親婚で結ばれて、まさに「一ファミリー」の構造になっていたからではないのだろうか（ここで王が授ける姓に「金」は出てこない。この説話は、馬韓から逃亡してきた「金姓」の集団が「辰韓の六部」とは違う地域に居住していたことも示している）。

新羅人、それも王族や貴族が中国に倣って、中国風の姓を持ったのは、実際には六世紀以降とするのが定説だ。それは、王の巡幸を記念して建てられた石碑に、従者の名前はあるが、姓がないことなどを根拠にしている。定説は、「朴」「昔」「金」の王姓が実際に現れるのも後世のこととする。

しかし、その定説に基づき、一世紀の事実として姓の王賜を記している『三国史記』をインチキ史書と決め付けるわけにはいかない。正史として、新羅人も一部ではあれ、早くから姓を持っていたとする主張と解するべきだろう。

六部の民がすべて「朝鮮遺民」（中国系流民）だったかどうかはさておき、遼東半島や楽浪郡からは、姓を持つ中国人が紀元前後から流れてきていたのは事実だろう。『三国志・濊伝』によれば、濊族は「同姓不婚」だった。つまり、姓を持っていた。彼らの本拠地は半島の中央部だが、半島南部にも居住していて鉄鉱石を掘っていたのは、『三国志・韓伝』が伝えている通りだ。

「モノづくり列島」の歴史は古い

『三国史記』には、近親婚の他にも、日本人はもとより、韓国人も殆んど知らない歴史が載っている。中でも日本人が「へー」と思うのは《献女外交》だ。日本の朝鮮史学者が滅多に触れようとしない話だ。

新羅は唐に通じるや、国中から美女を選び、唐の皇帝に貢ぎ物として贈ったのだ。「新羅本紀」に最初に出てくるのは、真平王《チンピョン》五十三年（六三一年）だ。「秋七月、遣使大唐献美女二人」〈大唐に使いを出し、唐の太宗に美女二人を差し上げた〉とある。

ところが、太宗の側近に賢臣がいた。

その言に従い、太宗は「村から献ぜられてきたオウムですら、寒さに苦しみ、泣きながら国に帰りたがっている。二人の女は遠くから親族と別れてきたのでは、なおさらだろう」と言い、二人を送り返してきた。

高句麗も六四六年、唐に使者を出して謝罪するとともに、美女二人を太宗に献じた。この時も太宗は、新羅に対するのと同様の理由を付けて、美女二人を送り返した（「高句麗本紀」宝臧王《ポジャン》五年）。南も北も、《献女外交》をしていたのだ。

倭国も魏に「生口」、即ち奴隷を貢いでいた。『魏志倭人伝』が伝えている。

しかし、三世紀の「貢物としての生口」（倭国の「生口」については、「何らかの技術者だったのだろう」との説もある）と、八世紀末になっても続いていた献女とは、同質とは思いがたい。後者には、依然として「美女」の他に目玉となる輸出品がなかった事情もあったのだろう。

そうした状況だったのであればこそ、新羅、百済が、倭国を「多珍物」として「敬仰」していたことも理解できるのではないか。

列島から半島には、古くは鏃《やじり》に用いる黒曜石や、玉が大量に流れた。とりわけ珍重されたのはヒスイの勾玉《まがたま》だった。しかし、『隋書』が描く時代ともなれば、ヒスイも枯渇状態に近かったのだろう。奈良時代には産出が完全に止まったとされる。

もとよりヒスイの勾玉だけでは「多珍物」にはならない。

しかし当時の列島に、半島の人民を喜ばせるような自然資源が豊富にあったとは思えない。それなのに、半島の人民から見ると「多珍物」だったのは、（手）工業製品の質的レベルが全く違っていたからだろう。

日本は当時から〝モノづくり列島〟だったのだ。いや、五千年前の三内丸山遺跡から出土した精巧きわまる漆器を見れば、その遥かに以前から。

『日本書紀』には、任那の使節に赤帛《あかぎぬ》を贈ったところ、新羅がそれを途中で奪ったことが、新羅、任那の長い対立の発端になったとある。

「養蚕の先進地から来た使節に、絹織物を贈ったとは……」ということで、この話は『日本書紀』の記述内容がデタラメであることの証拠の一つとして扱われてきた。

しかし、そうではないのだろう。鉄鉱石の原産地は半島なのに、列島では早々と鍛造品が出回っていたのと同じように、半島の方が養蚕の先進地だったとしても、製品となると雲泥の差があったのだろう。新羅が思わず奪い取りたくなるほどの……。

昔からの〝モノづくり列島〟と、額に汗して働くことを蔑む儒教文化に染まりきった半島――その差をいま最も分りやすく示してくれるのは、自動車の質だろう。

現代自動車《ヒョンデーチャドンチャ》は「買ってくれたら、もう一台おまけをつけます」といった奇妙奇天烈《きてれつ》な販売（在庫処分策）で、米国の低所得層に売り込み、米国でのシェアを伸ばしているが、富裕層には売れない。日本でも売れない。

韓国の政党首脳は「在日韓国人に買わせろ」と、メーカーに発破をかけたようだが、現代自動車の二〇〇九年七月の日本での販売台数は十三台（『朝鮮日報』二〇〇九年八月十日）。同年十二月には、日本での販売から撤退した。本国では、「日本糾弾」の拳を振り上げている人が日本車に乗っていたりする。

「トヨタ・リコール」問題が起こると、韓国紙は〝日本の不幸は蜜の味〟とばかりに報じたが、私は米国での火付け役には在米韓国人が深くかかわっていたと見る。

《献女外交》の結末

話を戻す。真平王五十三年の献女から三十七年間、「新羅本紀」に献女に関する記録は全くない。ところが、「新羅本紀」文武《ムンム》王八年（六六八年）春の条に、突然こういう記事が出てくる。

有勅此後禁献女人
〈今後、献女を禁ずるとの勅があった〉

ここでいう「勅」とは、唐の皇帝の命令だ。すなわち唐の皇帝が、臣下である新羅王に対して、「今後、献女を禁ずる」との勅令を発したというのだ。

三十七年間、何もしなかったのならば、突如として「禁ずる」との勅令が発せられることなど、どうしてあり得よう。

太宗から二人の美女を送り返された後も、新羅は唐の重臣たちに献女を続けていたからであろうことは、容易に想像がつく。それは、表舞台では新羅の英雄・金庾信《キムユシン》や、金《キム》春秋《チュンチュ》（後の太宗武烈《ムヨル》王）が活躍していた時代だ。

唐の都に、新羅から「高位者への献女」として来たものの、問題を起こす女性がたくさんいた。高位者の庇護下にいたのなら、問題が起きる余地は少ない。おそらく役目を終えた後も唐の都に居座って〝商業活動〟を続ける女性がたくさんいて、彼女たちが相次いで問題を起こした。それで、ついに「勅令」が発せられた──私は、そう想像する。

『日本書紀』には、倭国が新羅の献女により、対半島政策を大失敗した歴史が記されている。

「新羅征伐」のために派遣された倭将が、新羅の意を受けた二人の美女に誑《たぶら》かされ、何と同族の加羅（任那）を討ってしまう。『日本書紀』の記述を見れば、ここら辺から倭国の半島政策は滅茶苦茶になっていく。

「此後禁献女人」の勅令から五十五年後の聖徳王《ソンドク》二十二年（七二三年）、新羅は時の唐皇帝、玄宗に二人の美女を贈った。

「新羅本紀」には、二人の女には事前に衣服、家財道具、奴婢、車馬を与えておき「礼を備えて大切に送った」とある。新羅から唐へ「押しかけ妾」の行列というわけだ。

玄宗には、確実に記録されているだけで、楊貴妃を含めて妃は二十六人、子供は五十二人いた。これほど効果的な「仕掛け先」はまたとあるまいと思われる。しかし、玄宗は「留めるに忍びない」として、「たくさんの土産」を与え帰国させた。

「留めるに忍びない」「たくさんの土産」——きっと一晩か二晩か玄宗は楽しんだのだろうが、帰国させる際の玄宗の言葉が面白い。

「娘たちは（新羅）王の従姉妹なのに……」（『新唐書』も「女皆王姑姉妹」とする）。

「新羅本紀」は、一人の女は抱貞《ポジョン》といい、父の官位は奈麻《ナマ》（官位十七階の十一番目）、もう一人の女は貞菀《チョンニョン》といい、父は大舎《テーサ》（同十二番目）と伝えている。

十一、十二番目の官位にいる者とは、金氏の王と同系だとしても、十代以上前に王家から分かれたような血筋の者だろう。衣服、家財道具から与えなければ、王族の礼を身に付けられないような家に生まれ育った美女を、唐の皇帝は「王の従姉妹」と思い込んだのだ。

今日の韓国の状況を、韓国人自身が《経歴詐称大国》と自嘲して語るのは、こうした歴史事実と無縁であるまい。およそ韓国人は今日でも「私は両班《ヤンバン》（貴族）の家系に育った」と言う。大学卒業の偽証明書が簡単に入手できる国情だ。

「記紀」や『新撰姓氏録』に出てくる〝新羅の王子〟〝百済の王族〟にしても怪しいと見るべきだ。

玄宗が「帰国させた」美女二人は、その後どうなったのか。

「新羅本紀」は故郷にある貞菀の碑を引用して「二人の女は（七四二年に）唐に帰化した」とし、「詳細は判らない」と述べている。一度は帰国したが舞い戻ったのか、帰らずに居座った可能性が高いわけだ。

貞菀という女性は、碑まで建てられた。当時、女性は記録に残ることが少なかったにもかかわらず、だ。彼女は、故郷に何らかの功績を残したのだろう。それは、膨大な財貨だったとしか考えられまい。では、その財貨はどのようにして手に入れたのだろうか。

ちょっと唐突だが、ここで、興味深い新聞報道を紹介する。

「韓国人女性八千人が米国で〝遠征売春〟」という『中央日報』の記事だ（二〇〇六年六月二十一日）。〝遠征売春〟とは、何ともまたノーテンキな見出しだが、海外遠征売春は韓国のマスコミが公的資料を引用して、しばしば報道していることだ。

誤解のないように付け加えるが、『中央日報』はゴシップ新聞ではない。三星《サムソン》グループ系の全国紙だ。この報道があった当時の『中央日報』日本語サイトは、題字の下に、自ら「韓国を代表する新聞」と書いていた。

同紙（二〇一〇年二月二十三日）によると、米国務省の韓国人身売買現況報告書は、韓国を「性的搾取のための人身売買被害者を供給する国家だ」――即ち〝売春婦輸出国〟と決めつけているという。

「ワーキング・ホリデー」は、若者の視野を広める良い制度だと、多くの日本人は考えているだろう。しかし韓国では、初めから海外で売春して稼ぐことを目的にワーキング・ホリデー・ビザを取って出国する女子学生も少なくない（『朝鮮日報』二〇〇七年四月二十五日）。

もちろん、こうした記事、あるいは「従軍慰安婦」問題と献女の話に直接の関係はなかろうが……。

王姪の土産は牛黄と朝鮮人参

「新羅本紀」七三〇年には、こういう記事がある。

遣王族〔姪〕志満朝唐、献小馬五匹、狗一頭、金二千両……玄宗授志満大僕卿、賜

絹一百匹……仍留宿衛（〔 〕内は分註）

〈王族〔王姪〕の志満《チマン》に、小馬五匹、狗一頭、金二千両を持たせて朝貢したところ、玄宗は志満に大僕卿の位と大量の絹などを授け、志満は宿衛（押しかけ人質）として留まった〉

志満の唐訪問から三百年ほど後に編纂された中国の類書（今日の百科全書に該当）である『冊府元亀』は、志満を「王の姪」としているという。『完訳・三国史記』でも、金思燁は「王族（姪）の志満」と訳している。しかし、東洋文庫の『三国史記』で井上秀雄は、志満を単に「王族」として、原文にある分註を無視している。

中国、半島とも、「姪」字を、兄弟姉妹の娘の意味にも、兄弟姉妹の息子の意味にも用いる。後者は『三国志』以降に生まれた俗用法であり、正史類が記す「姪」は娘と解するべきだろう。ただし「高句麗本紀」には、明らかに甥を「姪」と表記している部分が一カ所ある。だから、志満については男とも女とも、にわかに断定はできない。

しかし「新羅本紀」七三三年の条に、今度は「王族〔姪〕」という分註付きの表記ではなく、まさに「王姪」が登場する。『唐会要』も、時の新羅王の「姪」としている。

遣王姪志廉、朝唐謝恩……詔饗志廉内殿、賜以束帛

金思燁は「王の姪、志廉《チリョム》を唐に入朝させて謝恩した……帝は内殿で志廉をもてなし、束帛（一束の絹布）を賜った」と、素直に訳している。ところが、井上秀雄の訳は「王族の志廉を唐に派遣し、朝貢・謝恩した」。つまり原文が「王姪」なのに、わざわざ「王族」としている。

井上はいったい何を考え、いかなる〝心情〟をもって、漢文「王姪」の日本語訳を「王族」にしたのだろうか。

興味深いのは、志廉が持っていった品々だ。金銀、小馬などのほかに、牛黄二十両、朝鮮人参二百斤。

王の姪が半島自慢の強壮剤（牛黄、朝鮮人参）を持参し、帝は内殿で接する。その帝とは、蓄妾で名高い玄宗。史官の「春秋の志（筆法）」を読み取らなければなるまい。

「賜以束帛」とは、帝からの土産がいかにも少なそうだが、唐は七三五年には、新羅が渤海《ボレ》攻撃に参戦したことを理由に挙げ、大同江《テードンガン》以南の地を新羅に「勅賜」（新羅の占領を

追認）するのだ。

「新羅本紀」には、新羅が元聖王《ウォンソン》八年（七九二年）、国色《ククセク》・金井蘭《キムジョンナン》を唐皇帝に献じたとある。「国色」――言うならば、ミス新羅だ。

《献女外交》という恥ずべき伝統についても、「新羅本紀」は簡潔な筆致を揺るがすことなく、淡々と伝えている。〝恥も曝け出して後世に勧戒を〟とした王命に、どこまでも忠実な編纂だったと見るべきだ。

むしろ問題は、「後世の戒」として全く活かされていないことではないのか。

いや、「後世の勧」となったのかもしれない。

わが〝媚中派〟より数段まともだ

「誇り高き韓民族」の指導者層にとって、上記のような話を書き連ねている『三国史記』とは、何とも面白くない存在に思えたに違いない。

金富軾と『三国史記』に対するネガティブ・キャンペーンが本格的に始まったのは、恐らく秀吉の朝鮮出兵より後のことだ。

ネガティブ・キャンペーンは①金富軾は旧新羅王室の一族だったから大出世したので

あり、新羅を依怙贔屓《えこひいき》した歴史を書いた、②「儒教徒の金富軾は、対中盲従の事大主義者だった」から、彼が編纂した史書など、信じてはいけない、③上古時代、特に「新羅本紀」前半の年代記述は杜撰であり、全く信じられない――の三つに類型化でき、それは粘り強く今日も続いている。

こうした韓国側の『三国史記』批判を、日本の朝鮮史学者は殆んど無批判に受け入れて、キャンペーンに一役買っているように、私には思える。

ここは、金富軾に代わって私が反論しよう。まず①についてだ。

金富軾が「慶州金氏」の一員であることは明らかだ。しかし金富軾の家系は、十三代味鄒王の庶流として始まる（今西龍『新羅史研究』復刻本、国書刊行会、一九七〇年＝参照）。それから九百年後の末裔である金富軾が、「旧新羅王族の一員だから」という理由で、高麗王朝で厚遇されていたとは考えられない。

「慶州金氏」は、今日の韓国には二百万人近くいる。当時とて、万単位でいたのではないのか。金富軾より新羅王室との血縁が濃い貴族・廷臣は、高麗王朝の中にたくさんいた筈だ。金富軾の出世は、本人の能力と、兄弟三人が科挙に合格していたことによる相乗効果と見るべきだ。

正史とはそもそも、編纂国が現に存在することの正統性を強調するために執筆する。晋で執筆された『三国志』が、魏の歴史を中心に据え、魏から晋への禅譲の正統性を謳っているのは、その典型だ。

高麗で執筆された『三国史記』も、新羅の歴史を中心に据え、新羅から高麗への禅譲の正統性を語った。正史として当然のことだ。

②の根拠として挙げられるのは、『三国史記』の随所にある「論曰」だ。

その中には「前王の没年を、新王の元年とする新羅の慣習は、中国の礼に反する」とか「新羅は早く唐の暦を採用すべきだった」としている箇所があり、彼が「中華盲従・事大主義者」だったことの証拠とされる。

しかし、「新王の元年」の件は、当時の東アジア世界での国際常識だろう。「唐の暦採用」は、既に唐の属国になっていた小国の処世を説いたのではないのか。

新羅は唐の冊封を受けながら、六五〇年までは独自の元号を使っていたので、唐から非難されていた。古代の東アジアでは、どこの国の元号・暦を採用するかは、きわめて重大な政治・外交問題だった。

むしろ、着目すべきは十七代奈勿王の項だ。金富軾は「新羅王室では頻繁に近親婚が行われている」「中国では同姓不婚である」ことに触れつつ、こう述べている。

論曰……雖外国各異俗、責之以中国之礼、則大悖矣

〈外国が風俗を異にするからといって、中国の基準を以て、それを非難するのは大変な間違いだ〉

つまり、中国の冊封を受けている国の立場として、政《まつりごと》の部門では国際常識に従うべきだったが、文化的慣習まで中国に強要されることはないと述べているのだ。

元聖王五年（七八九年）九月の条には、ある者を地方官に任命するのに際して、執事《チプサ》は「文籍試験に合格していない」として反対したが、侍中《シヂュン》（侍従長に該当）は「文籍には合格していないが、大唐（中国）に留学していたからよい」と述べ、王は侍中の意見を容れたとの記事がある。

金富軾は、この記事に「論曰」を付け、学ぶことの大切さを説いた後、こう結論している。

則執事毛肖一言、可為万世之模範者焉
〈中国に留学していたからといって何なのだ。文籍試験による登用ルールを主張した執事・毛肖《モチョー》の言こそ万世の模範とすべきだ〉

〝国内法より中華優先〟の王と侍中を批判しているのだ。

八世紀の出来事ともなれば、金富軾の手許には、かなりの量の史料があったことだろう。この記事の前後は、こうなっている。

七八九年正月、漢山《ハンサン》州の民が飢えたので粟を出して恵んだ。
　七月、霜が降りて穀物を傷めた。
（九月、問題の地方官人事）
七九〇年正月、宗基《チョンギ》を侍中にした。碧骨《ペクコル》堤を増築するのに、全州《チョンジュ》など七州の人民を徴用した。

飢饉、王の側近人事、そして大規模土木事業への人民の動員。どれも当時としては国家的に大きな出来事だった筈だ。そうした中に何故、些事（中央集権国家での一地方官吏の採用人事の記事）が入ってくるのか。その時の地方官、執事、侍中が、その後、特記すべき事件の中心人物になるわけでもない。

これは金富軾が、地方官任命をめぐる宮廷内部の論争を敢えて本紀に入れることにより、「論曰」を書きたかったのだとしか理解のしようがあるまい。

これでも金富軾とは、「中華盲従の事大主義者」だったのだろうか。私には、わが政界・官界、そしてマスコミ界内部に巣食う〝媚中派〟とは比べ物にならないほど「まともな感覚」を持っていたように思われる。

引き延ばされた年代

問題は③だ。「新羅本紀」の記事の年代を追うと、すぐにも大疑問に打ち当たる。典型は、先に「問題棚上げ」を要請した脱解と瓠公に関する記述だ。

脱解は五七年に即位した。その時、既に六十二歳だった――と、脱解初年の記事にある。が、すぐ後段には、脱解が慶尚道の海岸に漂着したのは、朴赫居世三十九年（前一九年）とある（『三国遺事』は、脱解の漂着を二代目王の時代としている）。こちらが正しいとすると、即位時の年齢は七十六歳以上だ。「新羅本紀」第一巻を読み始めたら、すぐに行き当たる〝杜撰な編纂の証拠〟と思える。

脱解は八〇年に死ぬ。紀元前一九年に漂着した時、既に「生まれていた」人間が八〇年に死ぬと、その年齢は百歳ほどになる。古代に、そんな長寿者がいたのか。

瓠公は前二〇年に馬韓への使者に発つ。それは、瓠公が倭から新羅に入り、功績を上げて、王に認められてからだろう。馬韓に使者として発った時の瓠公は、それなりの年齢でなければおかしい。

ところが、使者になった時から七十八年後の脱解二年（五八年）に大輔となる。すると、金閼智を見付けた時（六五年）、瓠公は何歳だったのか。これまた、信じられないような長寿となる。ナルホド、これは、おかしい。

まだまだある。百年以上も前に死んだ王の娘が、今の王の妃になったりもする。新羅の名将、于老が倭兵により火刑に処せられた時に現場にいた幼い息子は、事件から六十年近く経た時に王位に即き、その在位は四十数年に及ぶ。

「日本の朝鮮史学の祖」ともいわれる今西龍は、脱解に関して「倭人なりしこと疑なし」と、脱解と瓠公を一人二役で書き分けられたと見た。しかし、「新羅本紀」の前半が記す年代については、新羅の建国を高句麗よりも前に設定する目的で、その王暦を無理に引き延ばして記述したために現れた矛盾と見て、「（その）紀年は杜撰を極めたるものにて、之を信用すべからざるを知るべし」（『新羅史研究』）と言い切っている。

ここでも誤解してはいけない。

今西が述べているのは、あくまでも「新羅本紀前半の紀年」についてであり、三王室による〝王位交代の時代〟があったことを否定しているわけではない。脱解に関して「倭人なりしこと疑なし」との言を取り消しているわけでもない。

ところが、今西のこの論述部分は、意図的に「前半」「紀年」の部分を飛ばして、「今西龍先生も、新羅本紀は杜撰であり信じてはいけないと述べている」と、歪曲され流布されている節がある。

新羅初期の王たちの系譜・婚姻と、その年齢に関する矛盾は、今西の指摘を俟つまでもない。「新羅本紀」のページを丹念に捲り直しながら読めば、誰にでも解る。問題は、王命により編纂され、王に奉呈する正史に、誰にでも解るような矛盾が冒頭から出てきて許されたのかということだ。

やはり、『三国史記』、分けても「新羅本紀」とは〝杜撰きわまる編集〟であり、とうてい史料としての価値がないのだろうか。いや、もう少し読み進めてみよう。

誰も否定できないほど強い伝承だった

新羅の末期には、親族の王を殺して自ら即位する王が続出する。

これについて、金富軾は、こう「論曰」している。

彦昇《オンスン》（憲徳王《ヒョンドク》）は哀荘王《エヂャン》を弑して即位し、金明《キムミョン》（閔哀王《ミネク》）は僖康王《フィガン》（悌隆《チェリュン》）を弑して即位し、祐徴《ウジン》（神武王《シンム》）は閔哀王を弑して即位した。今そうした事実をみな書いたこともまた春秋の志である。

実際の弑逆者は、それぞれの手下だろうが、「新羅本紀」は「彦昇（憲徳王）は哀荘王を弑して……」と、つとめて簡潔に書いた。行間・紙背を読ませる「春秋の筆法」だ。

「亦春秋之志也」〈……もまた春秋の志である〉――金富軾は、他の部分も「春秋の筆法」で書いてあるから、行間・紙背を読んでほしいと読者に要請しているのだ。

『三国史記』が記す新羅史も、『三国遺事』が伝える新羅史も、まず朴氏が王位に即き、次いで「倭（国）の東北一千里にある多婆那国」から来た昔氏が王位に登り、朴氏の系列が復活し、さらに昔氏の系列も復活するものの、やがては金氏の王朝に引き継がれていったという骨格は同じだ。

つまり、金富軾の時代にも一然の時代にも、伝わっていた何冊かの古史書は総じて、朴―昔―金の流れを記していたのだ。一つでも異質の伝承があったなら、一然が書いていない筈はない。新羅の建国当初の年代に関しても、『三国遺事』と「新羅本紀」の間に大きな違いはない。

従って、建国初期の年代が引き延ばされているとしたら、それは金富軾らが行ったのではなく、典拠とした複数の古史書が既に、そうしていたのだと理解できる。

『三国史記』編纂のため、金富軾の下に集まった史官は、いずれも文林郎《ムルリムナン》か儒林郎《ユリムナン》の肩書を持つ。当然のことながら、古史書が伝える年代の矛盾を熟知していたし、それが新羅建国の年を、高句麗より先にしようとする尚古主義に基づくことも了解していた筈だ。

金富軾らは尚古主義を踏襲しつつ、複数の古史書が伝える異なる年代を、敢えて「新羅本紀」前半に、そのまま採用することで〝ここら辺は年代を偽っていますよ〟と、読者にサインを送ったのではないのだろうか。

そうでもなければ、他の部分では細心の注意を払って編纂されている『三国史記』が初めの第一巻、第二巻に、誰にでも解る矛盾を並べ立てることなど、考えられない。

新羅の建国年代を無理なく古くするためなら、もう何人か王を仕立てれば良かった。初期新羅の中核国民は、韓族ではなく中国からの流民とされている。だからついでに、脱解も瓠公も中国からの流民で「孔子の血を引く」とか、「夏王朝の禹の後裔」とでも記せば良かったのではないか。「腰に瓢箪をぶら提げて海を渡ってきた倭人」が大輔になるより、ずっと自然であり、格好も良い。

しかし、金富軾も一然も、そんなことはしなかった。それは一つには、脱解伝説、瓠公伝説を含む初期新羅の伝承が、どうにも否定できないほど、当時の高麗社会に広く知られていたからに違いない。

『駕洛国記』の著者が、脱解に関して「この記事にみえる事件は、新羅側の記録とは……」と註釈を付けているのは、その一つの傍証だ。

『三国史記』『三国遺事』の典拠となった古史書の編者たちについても考えてみよう。

彼らが生きた時代は、倭に苦しめられた歴史的記憶が、『三国史記』『三国遺事』ができた十二、十三世紀より、はるかに鮮明だった筈だ。それなのに、彼らは倭種王に指導されていたという内容の古伝承をまとめた。

おそらく古史書の編纂者たちにとっては、新羅に倭種の王がいた事実と、その新羅が倭国に攻められていた事実とは、矛盾することではなかったのだろう。

なぜなら、当時の半島南部では、「一つの国」とは「様々な民族が雑居しつつ混血が進んでいる」のが当たり前だったからだ。

『隋書・百済伝』は、百済の民族構成について「新羅、高句麗、倭人などが混ざっており、中国人もいる」と伝えている。もとより、新羅の南方にある倭地でも多数派は韓族であり、海を渡った倭本国にも韓族は少数だろうがいた筈だ。

しかし、国と国は対立していても、それぞれの国内では民族間に大きな対立はなく、混血が進んでいたのだ。

そうした状況の中でこそ、新羅の初代王は、大切な朝貢打ち切りの外交使節に倭人の瓠公を遣わした。倭種の王たちもまた、相手が倭国であれ、あくまで新羅国を守ったのだ。先にも触れたが、「海を渡って倭を討とう」と群臣に提起したのは、倭種の儒礼王（十四代）だった。倭種王もまた自らの立場を、自らの出自より、自らが現に属する国に置いていたのだ。

『隋書・百済伝』はじめ様々な史料があるのに、韓国の『高等学校国定国史』は「わが民族は五千年以上の悠久の歴史を持ち、世界史上まれな単一民族国家としての伝統が続いている」と、冒頭から凄《すさま》じい虚偽を書き連ねて、民族精神を煽っている。

こうした教科書を持つ国の為政者としては、『三国史記』も中国の正史も国民には読ませたくないだろう。韓国の歴代政権が、国民を漢字から遠ざける政策を採ってきているのは、そのためではあるまいか。

第四章　卑怯者を祀るＯＩＮＫ

これしか史料はなかったのに

乙支《ウルヂ》文徳《ムンドク》とは高句麗の将軍であり、六一二年に侵入してきた隋の大軍を薩水《サルス》（現在の清川江《チョンチョンガン》＝平壌の北方を流れる川）で壊滅させた。今も韓国で大英雄として崇められている。

ところが、『三国史記・高句麗本紀』を読むと、乙支文徳とは大英雄どころか、〝世界卑怯者列伝〟に載せるべき人物だとしか思えなくなる。

　乙支文徳と倭国との間に直接の関係があるわけではない。しかし、彼の行動と、彼が英雄として偶像化されていった過程を知っておくことは、今日の韓国・朝鮮人の行動原理、さらには彼らの歴史観を理解する上で大いに役立つ。なお、乙支文徳に関する原史料は、基本的には『三国史記』にしかないことを銘記された上で、読み進めていただきたい（『隋書』の記述は『三国史記』と重複する部分が多い。高麗には殆んど史料がなかったので、『隋書』に大部分を依存したのだろう）。

日本では、豊臣軍を亀甲船で悩ました李舜臣《イスンシン》はよく知られているが、乙支文徳の知名度は低い。しかし、ソウルには「乙支路」という大通りがある。韓国の武功勲章二等は「乙支武功勲章」という。韓国海軍には、その名そのまま「乙支文徳」という国産駆逐艦がある。つまり、今日の韓国で、乙支文徳とは李舜臣と並ぶ大英雄なのだ。隋の大軍を壊滅させた戦いを、半島では「薩水大捷《テーチョプ》」と呼ぶ。この名前を知らない韓国人は、まずいないだろう。

しかし、『三国史記・列伝』の乙支文徳の項は、「論曰」を含めても僅か六百字ほどしかない。記述内容も「高句麗本紀」にある「薩水大捷」の部分と殆んど重複している。

高句麗は戦乱により滅亡した国家だ。滅亡した国の歴史とは、戦勝国により消されてしまう。あるいは、自然に消えていく。典型とすべきは、日本の近畿圏にあったが、神武天皇に滅ぼされたとされる古代国家だろう。銅鐸をシンボルとした国だ。

銅鐸は近畿圏を中心にたくさん出土する。しかし、それが何のために使われていたのかすら――後代の学術的「想像」は多々あれ――記録としても伝承としても、全く残っていない（古田武彦『盗まれた神話』朝日文庫、一九九三年＝参照）。

高麗は建国直後に国史編纂のための館を設け、史官を養っていた。それでも五百年近く前に亡ぼされた国の史料は、殆んど集められなかったのだろう。

例えば、広開土王といえば、世界遺産の巨大石碑が有名だが、「高句麗本紀」に「没後、碑を建立」との記述はない。次の王の部分にも「前王の碑を建立」とする記事はない。『三国遺事』にいたっては、王歴一覧に「第十九広開王、名談徳《ダムドク》、壬辰立、治二十一年」とあるのみだ。

乙支文徳に関しては「高句麗本紀」に生年も没年も記されていない。実は、「乙支」が姓なのか（鮮卑族系の姓ともされる）、職位なのかも明らかではない。高句麗の将軍だったことだけは確かだろうが、その氏素性も容貌も、何も解らないのだ。

新羅から高麗へは禅譲であり、新羅王室の史書は、宝物とともに封印されて高麗に引き渡された。それで「新羅本紀」は、それなりに充実している。しかし「高句麗本紀」の執筆は史料不足に悩まされたのだろう。『三国遺事』は乙支文徳について何も書いていない。『三国史記』に記載された内容を超えるような史料は、一然の時代にもなかったのだ。

つまり、乙支文徳に関する情報は、『三国史記』に載っている内容、即ち六百字ほどの漢文が、十二世紀に王朝の力を動員して集めた全てなのだ。

半島の史料保存状況は劣悪だ。時代が経つほど、史料が凄じい勢いで失われていく。韓国人はいま、「秀吉軍がやたら放火したためだ」などと言うが、偏狭な「半島型儒教」に基づく焚書や、奴婢の反乱が大きく影響している。

初めから騙す目的だった

前置きが長くなった。「列伝」と「高句麗本紀」を併せ読もう。


隋の煬帝は、高句麗が遼西地方を侵したことに立腹し、攻撃しようとするが、高句麗王が「糞土の臣」とまで謙って臣下の礼を取ったので、中止した。ところが、高句麗が東突厥《トントルグォル》と秘密裡に通じていたことが発覚し、煬帝はいよいよ憎悪を増し「小醜を征伐してくれる」と、陸海の大軍を動員する（高句麗・嬰陽《ヨンヤン》王二十三年＝六一二年）。

これに対して高句麗王は、乙支文徳を隋の陸上主力の陣営に赴かせ、交渉させせつつ陣営を偵察させる。

原文では、ここを「偽って〝降伏〟して隋の陣営に行ったが、隋の将軍との話を切り上げると、素早く逃げた」としている。しかし、この間の乙支文徳の動きを見れば、原文の「降伏」は「対敵交渉」の意味と解するべきだろう。本当の「偽降伏」は、この後に出てくる。

乙支文徳は、この敵陣での交渉により、隋軍は食糧が不足している上に、兵士は疫病で苦しんでいることを知った。

戦闘が始まると、乙支文徳は小競り合いをしては退却するパターンを繰り返す。そして隋の大軍を平壌近郊に引き寄せたところで、攻め手の将軍に詩文を贈る。

神策究天文／妙算窮地理／戦勝功既高／知足願云止 ―

（隋の将軍の）軍略・戦術は天文、地理を窮めるほど優れていて、戦功は既に大きい。足ることを知り、ここらで止めてくれないか ― こんな意味だろう。

隋の将軍は返書を寄こした。恐らく隋の将軍の返書は「早く降伏しろ」という内容だったのだろう。この後、乙支文徳は部下を派遣して降伏を申し出る。

部下は隋の将軍に、乙支文徳の言葉を伝えた。

「隋軍が引き揚げてくれるならば、高句麗王を奉じて、行在所《あんざいしょ》（皇帝の仮の居住場所）に赴き、朝見致しましょう」と。

王を奉じて朝見する ― 降伏の申し入れだ。

隋の将軍は、軍兵が食糧不足と疫病で苦しんでいるし、平壌城は堅固で容易に落とせそうにないと思っていた。だから、この降伏の申し出を喜んで受けいれた。

ところが、隋軍が撤兵に入ると、高句麗の軍兵は四方から隋軍に小競り合いを仕掛ける。ひとたび撤収に入った軍とは弱い。そして、隋軍の半分ほどが薩水を渡ったところで総攻撃に……三十万五千の兵のうち、遼東城に戻ったのは僅か二千七百人だったと「列伝・乙支文徳」には書いてある。

「高句麗本紀」の方は「隋軍が引き揚げてくれるならば……」とする条件付の降伏の申し出でも、敵将は喜んで受け入れるよう、「高句麗の本丸まで迫ったところで、高句麗が降伏を申し入れてきたから……」という撤兵の名分を与えている。そういう状況まで、相手を引き摺り込んだ戦術の見事さを伝えている。

常套句だった騙し目的の「降伏します」

これが「見事な戦術」なのか、どうか——ともかく、初めから騙す目的での「降伏申し入れ」であり、挙げ句の果てには「川を渡ろうとするところを背後から攻撃」したのだ。これは、関ヶ原の戦いでの小早川秀秋とは質が違う。

「侵略してくる方が絶対的に悪いのだから」と弁護する声も出るだろう。

しかし、隋の出兵は、高句麗が遼西方面を侵し、東突厥と秘密裡に通じたことなどへの報復だった。遼西は、そもそも高句麗の地ではなかったのだから、隋の名分の方に理がある。

中華勢力に対する「偽の降伏申し入れ」戦術が、乙支文徳の前の時代にも、少なくとも二回あったことを、「高句麗本紀」は伝えている。

太祖大王《テーチョ》六十九年（一二一年）、後漢の遼東太守が侵入してきた。これに対して、王の実弟、遂成《スソン》は兵二千を率いて出陣する。が、敵の兵が多いことを知ると、「偽って降伏」する。遼東の軍兵が気を抜いたところで、遂成の軍勢は要害の地を占めてしまい、進撃を遮る。

その間に王は手薄になっている玄菟、遼東両郡を襲い、城郭を焼き、多数の捕虜を得た——というのだ。まさに「寇鈔」だ。

東川王《トンチョン》二十年（二四六年）、今度は魏が高句麗征伐に乗り出す。戦いは一進一退が続いたが、やがて魏が完全に主導権を握るところとなり、高句麗王は南沃沮《ナムニョクチョ》の海浜まで逃れたものの、最早〝袋の鼠〟になった。

この時、高句麗王の下にいた紐由《ウユ》という者が一計を案じ、酒と肴を携えて魏の陣営に赴き、こう述べる。

「わが王は、大国（魏）に対して罪を犯し、この海浜まで逃げてきました。しかし最早、身を寄せるところもありません。王の身柄は魏に預けます。ここに、酒と肴を持参致しましたので……」

やはり降伏の弁だ。

魏の将軍が油断した瞬間、紐由は食器の中に隠していた刀を取り、魏の将軍を殺す。大混乱に陥った魏軍に対して、高句麗軍は三方から襲いかかり……。

「栄誉ある民族史」を語りたい為政者なら、自国民にも他国民にも、『三国史記』を読ませたくないだろう。

国際社会よ、決して油断することなかれ

薩水の戦いの翌六一三年も、隋は高句麗に出兵する。

そして、六一四年にも出兵の準備を始める。この時は高句麗も疲弊が著しく、高句麗の嬰陽王は隋に使臣を遣わし謝罪し、降伏を申し入れる。

「高句麗本紀」には、煬帝が大いに喜び兵を退かせたとある。しかし『三国遺事』の「興法篇」には驚愕すべき話が載っている。

――王は国書を送って降伏を願い出た。その際、〝ある者〟は小さな弩《いしゆみ》を隠していき、船中で煬帝が国書を読んでいる時に、弩で煬帝の胸を撃った――

その後の話は載っていないから、煬帝に大きなケガはなかったのだろう。しかし、ここに出てくる〝ある者〟とは正使ではなくとも、正式の外交団の随員だ。

たとえるならば、降伏文書への署名のため米国大統領に謁見した某国外交団の随員の

一人が小型ピストルを隠し持っていて……ということなのだ。

ともかく、隋の煬帝は国書を受け取り、出兵を取りやめた。

すると高句麗は、もう隋の命令（王自身が隋に出向き朝見すること）には従わない。広い国で改めて兵を集め、戦争の準備を整えるまでには、長い時間がかかる。その間に高句麗も態勢を立て直せる（結果としては、そうするうちに、隋は内乱が広がり滅んでしまった）。

乙支文徳の「降伏」は、いわば出先司令官による口頭の申し入れだった。しかし、六一四年のそれは、国家として国書をもってする正式な降伏申し入れだ。それすらも、時間稼ぎのための方便に過ぎなかったのだ。

核問題に関する北朝鮮の対応を見よう。国家として発した声明も、公式の場で署名した国際協定も守らない。

「守らない」というよりは、初めから「時間稼ぎ」や「揺さぶり」のための戦術であり、挙げ句の果ては屁理屈を並べて平気で居直る。

「故事は今を知る所以」とは、やはり名言だ。北朝鮮の前身、ここにありだ。核問題に関する北朝鮮の受諾声明や、六者会談での〝合意〟の度に、日本のマスコミは「問題解決」とばかり大騒ぎしたが、ようやく解ってきたようだ。

北朝鮮がある日、「全面降伏する。国を全面開放する」と申し出てきても、国際社会は決して油断してはならないのだ。

扇動に乗りやすい民族

「日本人の淫猥さには本当に驚かされる。わが国では絶対にあり得ないことだ」――一九八〇年代中盤のこと、韓国の文化公報省という「マスコミ取り締まり」を本務としていた役所で、その課長から言われた。

前章で述べた「従兄妹婚」「嫂婚制」に関してではない。

「夫の遺体が安置されている祭壇の前で、未亡人と間男がやっちゃうなんて……」

何のことかと思った。いろいろ聞いてみて、ようやく解った。

彼が見た映画かテレビドラマに、そういう場面があったというのだ。

当時は日本の映画もテレビドラマも輸入禁止だった。だから、彼が見た映像は、「韓国人の制作」だ。そうしたドラマに出てくる日本人とは、強欲、乱暴、淫猥……様々な面貌はあれ、「極悪人」と決まっていた。

私が驚いたのは、反日の国情の下で韓国人により作られた映画かテレビの一場面を、

「マスコミ取り締まり」を本務とする中央官庁の課長ともあろう者が、日本人一般の行動にまで拡大していることだった。

「こういう韓国人もいるのか」と、その時は思った。が、足掛け五年間、韓国で取材して、この課長が決して「特異な存在」ではないことが解った。

今西龍も――まだラジオすら普及していなかった時代のことだが――偽史料の内容が、たちまち伝播していく状況を見て、この民族は「扇動に乗りやすい」と看破している（『百済史研究』復刻本、国書刊行会、一九七〇年）。

戦後の「反日」は、マスコミの扇動によるところが大きい。

記録映画の中に、何の字幕告示もないまま、フィクションのフィルムを挿入する手法は、かつてテレビの反日キャンペーン番組でよく使われた。

最近でも二〇〇五年八月十五日に韓国ＭＢＣテレビは、夜九時からのニュース番組で「七三一部隊の生体実験の記録画像だ」として、香港映画を放映した。

ＭＢＣは映画関係者からの指摘を受けると、「手違いだった」といったコメントを発した。しかし、わざわざカラーを白黒に焼き直して当時のフィルムであったように装い放映したのだ。〝国民を騙してでも反日を扇動する〟意図だったことは明白だ。

乙支文徳に関する今日の様々な英雄譚も、マスコミ（映画、テレビ、大衆小説）が伝えるフィクションが――映画で見た〝極悪非道の日本人〟が「真実の日本人」像と認識されていくように――いつしか〝絶対の史実〟になっていったのだろう。

少年たちはテレビででも見たのだろうか、「乙支文徳は上流にダムを築いておいて、隋の兵隊が川を渡る時に、その堰を切ったんだぞ」などと、自慢げに語り合う。

七世紀の昔、半島には建設重機があったか。

遥か上流の仲間には、「間もなく隋軍が川に入るから……」と、無線で連絡したのか。

子供の頭だって、ちょっと考えれば、様々な疑問が出てくるだろうに、私が知る限り、韓国の多くの若者たちは「上流に造ったダムを決壊させ……」と信じている。

先に述べた通り、乙支文徳に関する史料は、十二世紀に王室の力をもって集めてみても、『三国史記』が収録した内容しかなかったのだ。

その後、乙支文徳に関する新たな史料が見付かったという話は全くない。一然が渉猟した古史書の中には怪しげな史料も多々あるが、乙支文徳に関しては書き足すべき異説の「イ」の字もなかったのだ。

つまり、乙支文徳に関しては、「高句麗本紀」をはみ出した話は全て《史料なき創作

＝捏造》なのだ。

歴史の先生も「捏造史」しか知らない

二十一世紀初頭に「高齢者」と位置付けられていた韓国人なら、乙支文徳が「偽降伏戦術」を採ったことを知っていると思う。

しかし、それより若い世代となると、「偽降伏」を知らないのではないか。

韓国の『高等学校国定国史』は、「薩水大捷」について以下のように書いている。

「隋が北東に勢力拡大を図ると、高句麗では危機感が次第に高まった。これに、高句麗は北の突厥と南の百済、倭と連合勢力を構築し、状況を打開しようとした。しかし隋を建国した文帝と後に続いた煬帝はくり返し高句麗を侵略した。

高句麗は遼河を堅く守って文帝の侵略をくい止め、百万を超える大軍を率いて侵略してきた煬帝の軍隊を大いに撃破する決定的勝利を収めたりした（薩水大捷、六一二）」

乙支文徳は名前も出てこないが、「偽降伏」戦術も出ていない。「薩水大捷」とは、あくまでも隋の〝不当な侵略に対する防衛戦争〟であり、大勝利を収めたというのだ。

では、学校で歴史を教える教員なら、乙支文徳の卑怯な戦法を知っているだろうか。

韓国教員大学（教員養成の大学）の歴史教育科教授たちの共同執筆による『韓国歴史地図』（吉田光男監訳、平凡社、二〇〇六年）は、こう記述している。

「（乙支文徳は）国内奥深くまで誘導して撃退する計画をたてた。まず、隋軍の侵入路沿いの民をすべて近くの城に移し、食糧を隠して井戸まで埋めてしまった。高句麗領内に侵入してきた隋軍は水一滴さえ得られず、進撃も容易ではなかった。高句麗軍は交戦する度に敗走をよそおい後退しつづけた。隋軍は、高句麗国内奥深くに侵入してきたが、疲弊しきって後退せざるを得なかった。機をうかがっていた高句麗軍は敵軍を四方から包囲しつつ、薩水（現在の清川江）に到着した。隋軍が渡河を開始すると、高句麗軍は猛烈な総攻撃を加えた。隋の歴史を記録した『隋書』によると、隋軍の別働隊三十万名の中、この時帰国できた者が二千七百名に過ぎなかったという」

これは教員大学――古い日本語で言えば「師範大学」の学生を対象とした参考書だ。そこからも「卑怯」と見做される部分が、きれいに消されている。

それにしても、「民をすべて……水一滴さえ得られず」までの部分は、どんな史料に基づくのだろうか。よもやテレビドラマではあるまいと思うが……。

吉田光男（東京大学教授）が「あとがき」に〝少しは辛口な評〟でも書いているかと思

ったら、それもなかった。

今や韓国では、歴史学の教員を目指す学生たちにも、史実が教えられていないことは明らかだ。「騙す目的の降伏申し入れ」は記述しないまま、「隋軍は、高句麗国内奥深くに侵入してきたが、疲弊しきって後退せざるを得なかった。機をうかがっていた高句麗軍は……」とは、もはや《歴史の捏造》以外の何物でもない。

中高校で歴史を担当する教員も「捏造された歴史」しか知らず、それを絶対に正しい史実と思い込んでいて、確信をもって子供に教える — 恐ろしいことではないか。もちろん、それは「薩水大捷」の件に限られることではない。

得られる利が大きければ

乙支文徳の〝世界卑怯者列伝〟に載せられるべき部分が、いつ頃から消去されていったのかは定かではない。おそらく《超夢想的朝鮮民族絶対主義史観》の元祖といえる申《シン》采浩《チェホ》（一八八〇～一九三六年）が長編小説『乙支文徳』を書いてからだろう。

《超夢想的朝鮮民族絶対主義史観》とは、「パミールに発した朝鮮民族は東に移動しながら、漢民族を圧し、華中から華北、沿海州、半島に及ぶ大帝国を築いた。その指導者が檀君である」と始まる〝半島独特の史観〟をいう。

国際金融専門家の間では二〇〇七年頃からか、「ＯＩＮＫ（オインク）」という隠語が使われ始めた。「オンリー・イン・コリア」の略で、「韓国でしか、あり得ないこと」という嘲笑的な意味を持つ。《超夢想的朝鮮民族絶対主義史観》はＯＩＮＫの一類型だろうが、これを馬鹿にしてはいけない。

なぜなら、韓国の国定歴史教科書は今、明らかにこの史観の強い影響を受けている。さらに、韓国軍の新兵向け歴史教育は、この史観に基づき実施されている。徴兵制だから、男子は原則として全員が、この史観を学ぶわけで、軍事政権の時代には、偽降伏戦術を「知っている人」も押し黙るほどの状況になっていったのだろう。

偽降伏戦術による勝者が、希代の戦術家に仕立て直されていく作業の底流には、「どんな手段を使ってでも、得られる利が大きければいい」とでも言うべき価値観が渦巻いていたのではないか。いや、今も韓国人社会には激しく渦巻いている。

こんなことを書くと、日本には「この筆者は、物凄い偏見の持ち主だ」と批判を始める人々がいるが……と考えていると、思い出したのが『中央日報』（二〇〇八年十一月十日）の「腐敗不感症にはまった韓国の青少年」と題する社説だった。

バングラデシュ、インド、モンゴル、韓国の四カ国の中高校生を対象にアンケート調査をして腐敗認識水準を比較したところ、韓国が最低だったたというのだ。「正直に生きるよりも、金持ちになることが重要か」との質問に、韓国の中高校生の二二・六％が「そうだ」と答え、バングラデシュより七倍も高かった。

韓国の中高校生の六人に一人が「監獄で十年過ごすとしても十億ウォン稼げるなら腐敗に手を染められる」、五人に一人が「問題を解決できるなら、快く賄賂を使う」と答えた——というのが、この社説が紹介している調査内容だ。

社説は書いている。「子どもは大人を映す鏡にすぎない」と。

関連して思い出したのは、韓国系米国人と思われる全恵星《チョンヘソン》博士（エール大学比較文化研究所の名誉研究部長）へのインタビュー記事だ（『中央日報』二〇〇七年九月九日）。韓国は留学熱が異様に高い国であり、米国の有名大学を卒業することが「エリートにとって、人生の最初の勝利」であるかのように位置付けられている。博士は米国留学中の韓国人高校生について、こう語っている。

「進学を希望する大学がハーバード、エールなどいくつかの名門大学に集中する」

「ある生徒に進学推薦書を書いてあげたら、気に入らないとして破ってしまった。ビックリした」

「カンニングなど不正行為が目立つ」

「韓国人の生徒は不正行為をしても、誤った行動であることに気付けないモラル・ハザードに陥っている」

人生を懸けた戦争に勝つためなのに、カンニングぐらいどこが悪いのかということなのだろう。

スポーツの対韓国戦のためソウルに赴いた日本人（チーム）はしばしば、「韓国人だけど日本が大好き」といった〝ファン〟からの深夜、明け方の〝激励電話〟、あるいは無言電話、韓国語での罵声電話により寝不足に陥る。

かつて、暑い国から来たボクシングの世界チャンピオンが、真冬のソウルでリングに立った時、主催者は暖房を止め、観衆はドア、窓を開け放ったという。


「無知」と批判する〝一流紙〟の「無恥」

乙支文徳を仕立て直した価値観、即ち「どんな手段を使ってでも、得られる利が大きければいい」と、ほとんど混在して韓国社会の底流に渦巻いているのは、「約束は守らなくてはいけない」とする意識の希薄さだと思う。

例えば、二〇〇八年北京五輪に向けての野球アジア地区予選「日本×韓国戦」では、こんなことがあった。

韓国チームは事前に交換した「先発メンバーリスト」とは、およそ違う先発メンバーを投入してきたのだ。野球に関心のない人は何のことか分らないだろうから、簡単に説明しよう。

先発メンバーリストの事前交換は、ルールブックには記載されていないが、紳士協定として慣例化している。アジア地区予選の場合は、大会開始前の監督団会議で、この紳士協定の遵守を確認した。もちろん、韓国の監督も、その会議に出席していた。

それなのに、堂々の紳士協定破りだ。日本の先発投手が誰か、右投げか左投げかを見てから、有利に運べる打撃順を組んだのだ。

日本のスポーツマスコミは、韓国の非を指摘した。が、韓国で保守系硬派の一流紙とされる『朝鮮日報』(二〇〇七年十二月二日)は、およそ日本人には信じられない〝開き直り論調〟で紙面を飾った。

「先発変更への不満は日本の無知」という見出しで、要約すると、こんな内容だ。

――試合開始一時間前の交換リストとは違うメンバーを先発に投入することが「違反」であるとは「ルールブックに書かれていない」。従って星野（仙一監督）がいかに怒ろうが、星野が「無知」なだけなのだ――

この記事に、「スポーツマン精神」とか「正々堂々」に類するような言葉は、何一つ出てこない。

国書による降伏申し入れすら守らなかった歴史、偽降伏で大勝利を得た将軍を英雄として崇めてきている歴史からすれば、ルールブックに載っていない紳士協定など、守られる筈がないと星野監督は知っていなければならなかった。

だから、「星野の無知」は認めるとしても、この〝開き直り論調〟を堂々と掲載した「韓国の一流新聞の無恥」を、日本人は知っておかねばならない。

かつて韓国企業と取引があったが、今はしていないという日本企業は殆ど――私の知る限りでは――星野監督が味わったのと同質の韓国企業の行動により、手痛い打撃を被っている。

例えば、日本側の技術提供により生産した製品は「韓国内の販売に限る」という「契約」なのに、生産が軌道に乗るや東南アジアに輸出を始め、しかも日本製品と酷似した商標まで付けている。輸出を取りやめるよう申し入れると、「提供された技術による製品は国内販売に限っている。東南アジア向けは、我々が独自に改良した技術による製品だから、問題はない筈だ」。

「韓国の金融・経済の本質的危うさ」が改めて語られる昨今だから、「通貨安定債」と称する「約束違反」にも触れておこう。

一九九七年のアジア通貨危機に伴う韓国経済破綻の際、国際通貨基金（ＩＭＦ）は多額の救済融資を実施するとともに、国債の発行枠を定めた。

ところが、韓国は「国債とは政府が発行する債券であるから、これは違うものだ」という方便で、中央銀行が「通貨安定債」と称する事実上の国債発行に踏み切り、ＩＭＦの目を白黒させた。通貨安定債の発行残高は二〇〇八年九月末、「政府発行の国債残高」の七割ほどに達していた。

その利払いのため、韓国銀行は世界で唯一の「赤字決算の中央銀行」になっている。

まさにＯＩＮＫだ。

「愛国忠臣の悲劇」も、実は「約束破り」約束を破る話は『三国史記』に、たくさん出てくる。中でも堤上説話が面白い。これは歴史マニアや朝鮮通の間だけでなく、もう少し広く知られた話だろうが、これを知っている日本人も韓国人も、「約束破り」の話だとは全く認識していないのではないかと思う。要約して述べよう。

時の新羅王は、一人の弟を高句麗に、もう一人の弟を倭国に人質として差し出していた。王は高句麗にいる弟を取り戻したくなり、臣下に相談し、朴堤上（『三国遺事』は、金堤上とする）が、その大任に当たる。高句麗に赴いた堤上は、自慢の雄弁を揮い、王弟を見事に連れ帰る。

王は倭国にいる弟も取り戻したくなり、再び堤上がその役を引き受ける。堤上は亡命者を装って倭国に赴く。王弟と堤上は舟遊びなどに興じては、倭国の監視役を油断させる。そうしておいて、堤上は王弟を舟で逃がす。

やがて、王弟を逃がしたことが発覚し、堤上は処刑される（四一八年）。

『三国遺事』は以下のように付け加えている。

―処刑の前、倭王が「倭の家来になれ」と言うが、堤上は「自分は新羅王の家来だ。死んでも倭王には仕えない」と言う。脚の皮を剝ぎ、荻の上を走らせ、熱した鉄板の上に立たせ、改めて「倭の家来になれ」と言ったが、堤上は屈しなかったので、ついに火刑に処された―

この記述が〝倭人の残忍さ〟を際立たせ、〝倭に殺された忠臣〟を称える話として、今日まで語り継がれているわけだが、尋問・拷問・処刑の模様を、最初から最後まで見ていた新羅人がいたのだろうか。

そもそも、人質を差し出すとは―それまでに、どんな経緯があったにせよ―当時の国と国の間では、それなりの「取り決め」、つまり「約束」なのだ。

新羅側から見れば「救出」だったにせよ、それは国家間の約束の一方的破棄行為に他ならない。北朝鮮に拉致されている日本人の救出と同一視してはならない。「人質を取るとは非人道的だ」などと言うのは、今日の感覚で上古を見る誤りだ。

堤上説話の民族精神史的な本質を問えば、「約束破りの謀略行動」が、いつしか「残虐な倭人により殺された愛国忠臣の悲劇」に昇華されたことだ。

「約束の捏造」という術もあった

唐・新羅は六六〇年、百済の首都を急襲した。日本の朝鮮史書は殆んど「唐と新羅の連合軍は……」と記述しているが、これは正確ではない。『三国史記』には、明確に書いてある。新羅の王も、唐の皇帝ではなく、唐の一将軍の指揮下に入ったのだ。

一方、百済の方は、王城から王と太子が逃げた後、立て籠もりを続けていた王族の中で、太子の息子が真っ先に降伏してしまうのだから、もう話にならない。

いささか脇道に逸れるが、この時や、白村江《はくすきのえ》の戦いの直後に「多数の百済人」が列島に亡命してきたというのが〝日本の常識〟になっている。多くの日本史の本が、そう書いているが、本当だろうか。

天皇の徳を慕って海外から多数の人民が……背後には、実は皇国史観が息づいているのではないのか。

唐は、百済の王都を制圧した後、多数の百済人民を唐の本国に連行した。百済の王、王族、百姓（今日で言うなら「上流市民」）ら万を超える。といっても、連行されて処刑されたわけではない。王は病没すると、唐により礼式に沿って手厚く葬られた。

王都に残った百済の廷臣は、官位を一定の段階だけ下げて唐や新羅に再雇用された。船は占領軍に抑えられていたと見るのが当然だ。

そうした状況の中で、「船」というよりは「舟」を手に入れ、命懸けの航海をしてでも、列島に逃げなければならないような「多数の百済人」が本当にいたのだろうか。

唐・新羅が急襲したのは百済の王都であり、地方は殆んど無傷だった。だから、百済の遺臣が各地で蜂起し、唐は占領地司令部を置く。

百済に入った新羅軍は、時に百済残存勢力の反撃を鎮圧しつつ、基本的には残存軍と手を組んで唐の占領司令部を撃つ。

一方で新羅は、唐に朝貢使節を出し、旧百済地域での新羅の行為を謝罪する。そうしながら、ますます唐の百済地域占領軍を襲撃する。

今日のように通信網が整備されていた時代ではない。唐の都で、新羅の使節が「今後、このようなことは……」と謝罪し、おそらく献女も併せ行い、唐の皇帝が満足している時、新羅軍は唐の百済地域占領軍を襲撃していたのだ。

旧百済地域では、そんな戦いが続いていたのに、北部戦線では新羅王以下が再び唐の一将軍の指揮下に入り高句麗を攻める。その時、攻め手の中で最も活躍したのは、末期の高句麗の独裁者だった淵蓋蘇文《ヨンゲソムン》の長男だ。彼は蘇文の没後、弟たち（二、三男）と対立して唐に亡命した。そして、「恨みを晴らしたい」と申し出て、高句麗を攻める主力部隊の指揮を執ったのだ。

親族の不和から、大義名分もないのに敵対国に亡命し、その国の軍を借りて母国を攻め滅ぼすパターンは後百済も同様だ。日本に、そんな歴史があるだろうか。

高句麗の旧領土をめぐっても、新羅は百済に対するのと同様に、高句麗の遺臣と組んで唐の占領軍を攻撃し、唐皇帝に謝罪しては、また攻撃し……。

そして、新羅王は国書をもって「わが罪は万死に値する」と謝罪しながらも、「（共に既に没している唐の前皇帝と新羅の前王＝金春秋＝との間では）高句麗を亡ぼした時には『大同江以南は新羅に』との約束があった」と言い始める。

そんな約束があったのなら、「新羅本紀」は唐皇帝と金春秋の会談の部分に明確に記載している筈だ。しかし、そこに記されているのは、唐の皇帝に対する金春秋のゴマスりばかりで、「大同江以南は……」の話など全く出てこない。

つまり「新羅本紀」は、新羅側が持ち出した「前皇帝と前王の約束」など、存在しなかったことを暗示している。約束破りと、約束の捏造――同じようなものだ。

金富軾が新羅を贔屓するのなら、会談の記事中に一筆だけ書き加えれば、「言った」「言わない」の五分にできた。しかし金富軾ら高麗の史官は、そんなことをしなかった。

数多の古史料から洗い出された明確な事実だけを、淡々とした筆致で綴り続けたのだ。倭種王の歴史を記した時と同様に。

対百済、対高句麗戦争よりも前、新羅は高句麗に服従していた。が、高句麗の国力が衰えを見せ始めた頃、百済から同盟を持ちかけられると、あっさり百済と結ぶ。同盟＝約束だ。百済－新羅同盟は、百年近く有効に機能した。

百済は国力を取り戻し、高句麗領内に攻め入る。ある城をめぐり、取ったり取られたりが続く。そして百済、高句麗両軍とも疲れ切ったところを見定めていたかのように、新羅は百済・高句麗の接面（漢江流域）に楔を打ち込むように雪崩込む。

新羅は、ここで決定的な大勝利を得たことにより、高句麗と百済の旧領に割り込み、黄海まで進出して半島統一への大きな礎を築く。まさに「火事場泥棒」の手口。半島に残る最古の正史が、筆致を揺らすことなく淡々と伝えているところだ。

今日の韓国の政治家も、簡単に「約束」を破る。

例えば金大中《キムデジュン》という政治家は何度、「政界引退」を表明したことだろう。政治家が公式の場で「政界引退」を表明する。まさに「約束」だ。もう何度目かの「引退表明」の後、日本人特派員との懇親会があり、その席で直接尋ねた。

「あの時は、ああ言う他にありませんでしたから」と、彼はアッケラカンとして答えた。

韓国語の「約束」の発音は「ヤクソク」（クはＫＵ音ではなくＫ音）だ。日本語の「約束」と発音も似ているし、漢字で書けば同字だ。しかし、実態としての意味が全く違う。韓国語の「約束」の適訳は、「一時の方便」だ。

反日テロ称揚団体の会長は李明博

乙支文徳を〝希代の英雄〟に仕立て直していった作業過程の底流をなす価値観は、テロリズム容認の思想にも繋がっているのではなかろうか。

なぜなら、「戦果（利）さえ大きければ、手段を問わない」のがテロではないか。

韓国で「近代史の英雄」とされているのは、安重根《アンジュングン》と尹奉吉《ユンボンギル》だ。

安重根は一九〇九年、中国ハルピン駅で、日本の枢密院議長だった伊藤博文（初代の韓国統監府統監）を狙撃し、暗殺した（その後、絞首刑）。

安重根は、伊藤博文が日韓併合に反対していたことを知っていたのか、どうか。伊藤の死により、併合論が勢い付いて、ついに併合がなった。

が、韓国の世論構造は「安重根＝愛国者」という絶対不可侵の概念を上位に据えている。だから日本人から「伊藤は併合反対派だった」と聞かされても、聞く耳を持たない。

韓国では潜水艦を「海の刺客」と言う。韓国海軍は二〇〇八年六月に進水させた潜水艦を「安重根」と命名した。「テロリスト＝悪」の価値観は、ここに存在しないのだ。

尹奉吉は一九三二年、中国・上海の日本人居住地域にあった虹口公園で開催されていた天長節（天皇誕生日）の祝賀行事に爆弾を投げ込み、官民、軍人多数を殺傷した（その後、銃殺刑）。

宗主国の正規軍と戦ったゲリラの指導者が独立後、「民族の英雄」として顕彰されることは多々ある。独立後の大統領になった例も世界には少なくない。

しかし、安重根と尹奉吉はテロリストに他ならない。特に尹奉吉の場合は、民間人も巻き添えにした無差別爆弾テロ犯だ。

ところが韓国では、尹奉吉もまた「殉国の義士」として、顕彰事業が続けられてきている。そんな国は、非イスラム世界では韓国を除いてあるまい（いや、日本や韓国で「拉致」を実行した人間を、「民族の英雄」として待遇している国家はあるが……）。

二〇〇七年十二月十九日、ソウルで尹奉吉没後七十五周年の追悼式が行われた。これを主催した「尹奉吉義士記念事業会」の会長は、何と李明博《イミョンバク》ソウル市長（〇八年から大統領）だった。

この追悼式で光復会（反日・愛国団体）の会長は「韓国男児の気概を見せ付けた快挙だった。尹義士の高貴な心は、百年経とうと千年経とうと、われわれの心の中に残り続けるだろう」と述べている（『朝鮮日報』二〇〇七年十二月十九日）。

卑怯な無差別テロを「韓国男児の気概を見せ付けた快挙」「高貴な心」だと言うのだから、呆れるほかない。しかし「これもＯＩＮＫ」と片付けるべきではない。

李明博大統領の記者会見に臨む機会のある日本人記者は何故、「あなたがテロとの戦いを述べていることと、あなたが尹奉吉義士記念事業会の会長であることとの関係」を質さないのだろうか。

第五章　「類似神話」論が秘める大虚構

「似ている」と叫ぶ人も読んでいない

「半島と列島（日韓）の神話は本当によく似ている」と、最近はしばしば言われる。

たとえば、「朝鮮民族の最初の人は天神の孫で、三種の神器を持って高い山の頂に降臨してくるんだ。どう考えても、歴史は向こうの方が古いのだから、日本の神話は朝鮮民族の神話を盗んだのだ」。

あるいは、「いや、盗んだのではなくて、そもそも同じ民族だったから、本質的に同じ神話を持っているのではないのかな」などなど……。

一九八〇年代から、数次にわたり列島に押し寄せてきている「仕掛け組織がいる韓国ブーム」に洗われた結果、「半島と列島の神話はそっくりだ」とは、もはや〝日本の常識〟の一つになっているのだろう。

「天神の孫が三種の神器を持って降臨してくる朝鮮の神話」とは、「檀君神話」のことを指しているとしか思えない。その「そっくり論議」をよく耳にするのだが、不思議なことに、私は未だに「檀君神話の全文を読んだ」という日本人に会ったことがない。

私の交際範囲が狭すぎるのかもしれないが、実は、全文を読んだことがないどころか、今日に伝わる最古の史料が漢文であることすら知らない人が殆どなのだ。

檀君神話とは四百字弱

この際、檀君神話の全文を示そう。全文といっても、それは分註を含めても漢字で四百字弱しかない。「たった、これだけ。嘘だろ」と言われかねないほど短い。

ここでは金思燁訳の『完訳・三国遺事』に掲載されている全文を示す。ただし句読点は読みやすいよう付け直し、改行を入れた。〔　〕内は一然が付けた分註だ。なお、金思燁訳の『三国遺事』に掲載されている文面は、「檀▼君」ではなく「壇▽君」となっている。「檀▼」字の仏教臭さ（檀家、檀那など）を嫌う《朝鮮民族絶対主義史観》に阿付して

「壇」字にしたのだと思われる。本来は「檀君」だ。念のため、金思燁自身は《朝鮮民族絶対主義史観》には立っていない。

魏書云、乃往二千載有檀君王倹。立都阿斯達〔経云無葉山。亦云白岳、在白州地。或云在開城東、今白岳宮是〕、開国号朝鮮。与高同時。

古記云、昔有桓因〔謂帝釈也〕庶子桓雄、数意天下、貪求人世。父知子意。下視三危太伯、可以弘益人間。乃授天符印三箇、遣往理之。

雄率徒三千、降於太伯山頂〔即太伯今妙香山〕神檀樹下、謂之神市。是謂桓雄天王也。将風伯雨師雲師、而主穀主命主病主刑主善悪、凡主人間三百六十余事、在世理化。

時有一熊一虎、同穴而居、常祈于神雄、願化為人。

時神遺霊艾一炷蒜二十枚曰。爾輩食之、不見日光百日、便得人形。熊虎得而食之忌三七日、熊得女身。虎不能忌、而不得人身。

熊女者無与為婚、故毎於檀樹下、呪願有孕。雄乃仮化而婚之、孕生子。号曰檀君王倹。

以唐高即位五十年庚寅〔唐高即位元年戊辰。則五十年丁巳、非庚寅也。疑其未実〕。

都平壌城〔今西京〕、始称朝鮮。又移都於白岳山阿斯達。又名弓〔一作方〕忽山、又今彌達。御国一千五百年。周虎王即位己卯。封箕子於朝鮮。檀君乃移於蔵唐京。後還隠於阿斯達為山神。寿一千九百八歳。

私なりの訳文を示そう（金思燁の訳とは、細部で異なる）。

『魏書』によると、今から二千年前に檀君王倹《タングンワンホム》が現れて、阿斯達〔『経』によると無葉山、または白岳といい、白州の地にある。あるいは開城の東という。今の白岳宮のことだ〕を都とし、国を開いて朝鮮と呼んだという。

高（筆者注＝中国の古代伝説に出てくる五帝の一人である「堯」のこと。東洋の近世までの文筆習慣で、自国の王の諱＝没後の謚号＝にある字を避けて別の字で表記した）と同じ時代だ。

「古記」によると、むかし桓因《ファニン》〔帝釈（天帝）ともいう〕の庶子である桓雄《ファヌン》はしばしば天下に思いをめぐらしては、人間社会を非常に欲しがっていた。

父は子の心を知り、三つの高い山の一つである太伯を見下ろし、人間に益を広めるべしと結論した。そこで桓雄に天符印三個を授け、人間社会を治めに行かせた。

桓雄は歩兵三千を率いて、山頂〔即ち太伯山、今の妙香山〕の神檀樹の下に降りた。ここを神市と言い、これが桓雄天王だ。風の神、雨の神、雲の神を将《ひき》いて、穀、命、病、刑、善、悪など、およそ人間の三百六十余事を司り、人間を教化した。

時に、一頭の熊と、一頭の虎が同じ穴に住んでいて、人になることを願い、桓雄に向かって常に祈った。

ある時、桓雄は霊験あらたかな艾《よもぎ》一束と蒜《にんにく》二十個を与え、「お前たちがこれを食べ、日光を百日見なければ、人の形になれるだろう」と言った。熊と虎はこれを食べ、忌むこと二十一日（訳註＝三×七の意）で、熊は女身になった。虎は忌むことができず、人身に変われなかった。

しかし、熊女と結婚する者はなく、熊女は檀樹の下に来ては孕《はら》むことを願った。そこで桓雄が人に化けて熊女と結婚し、子を産んだ。それが檀君王倹だ。

檀君は唐高（堯）の即位から五十年の庚寅〔唐高の即位元年は戊辰であり、五十年なら丁巳であり、庚寅ではない。本当のところは解らない〕、平壌城〔今の西京《ソギョン》（訳註＝今日の平壌のこと）〕を都とし、初めて朝鮮と称した。

やがて都を白岳山の阿斯達、弓〔方〕忽山、今彌達へと移した。その国は一千五百年続いたという。

周の虎王（訳註＝諱の関係で、武王のこと）が即位した己卯、箕子《キジャ》（訳註＝殷王の親族に当たる賢者）を朝鮮の支配者に任ずると、檀君は蔵唐京に移り、後には阿斯達に隠れ戻り山神になった。没した時は千九百八歳だった。

『史記』より古い史書が半島にあった？

もう一度、三頁前の漢文を見ていただきたい。これが今に伝わる檀君神話の唯一の文面だ。しかし、それはオリジナル・データではない。

一～二行目は『魏書』という書物からの引用であり、三行目以降は全て、「古記」という書物からの引用だ。

『魏書』とは『三国志』の中の『魏志』とは違う。『魏書』という場合は通常、北斉の魏収が編纂した北魏の正史（別名『魏史』）を指すが、これに檀君の話は出てこない。他に魏澹が編纂した『魏書』があったとされるが、散逸して存在しない。

いや、実は中国史書を洗うこと自体、意味がないのだ。

書き出しの「『魏書』によると、今から二千年前に……」だけを見ると、一然が執筆していた時より二千年前かと思ってしまうが、「高（尭）と同じ時代だ」とある。

尭とは「鼓腹撃壌」の逸話で有名な中国の帝だが、いつ頃の人物なのか。通説に従い紀元前二五〇〇年頃としたら、それを「今から二千年前」としている『魏書』とは、前五〇〇年頃の作となる。

『史記』（前九一年頃に完成）より遥か前に、半島には『魏書』と呼ばれる史書があったことになる。誰が信じよう。

ついでながら述べておくが、韓国（人）が「わが五千年の歴史」と誇らしげに語るのは、尭と同じ時から檀君を始祖とする朝鮮民族の歴史は始まったという意味だ。紀元前の分が二千五百年。それに紀元後の年数を加えて切り上げれば五千年というのだ（「切り上げれば五千年」なのに、『高等学校国定国史』は「わが民族は五千年以上の悠久の歴史を持ち……」と書いている。今日の韓国人の《インフレ志向マインド》も、よく知っておく必要がある）。

もう一つの――というよりも、大部分を依拠している引用史料である「古記」とは何なのか。檀君神話が盛られている「古記」という史書も、原典が伝わっていない。実はそれが一般名詞なのか、固有名詞なのか。それとも『〇〇古記』といった書の略称なのか。それすらも解らない。

三品彰英（大阪市立博物館長）、村上四男（和歌山大学教授）、井上秀雄らによる『三国遺事考証（中）』（塙書房、一九七九年）は、この「古記」を『檀君古記』としている。李王朝時代に編纂された『世宗実録』に引用されている『檀君古記』のことを言っているのだろうが、これも原典は失われている。

檀君神話に関する半島内での《捏造インフレ》（捏造に次ぐ捏造による偽書作成）の動きを見れば、『世宗実録』に引用されている『檀君古記』も、既に偽書であった疑いが濃厚だ。三品らが、そうした疑いを抱いていなかったとは信じがたい。

檀君神話に対する後世の《捏造インフレ》と、壇君系教団各派の活動家による歴史学者への圧力については、趙仁成《チョインソン》（慶南大学副教授）による「韓国における古代史論争と揆園史話・檀奇古史・桓檀古記」（「別冊歴史読本」特別増刊②「古史古伝論争」新人物往来社、一九九三年）が詳しい。

壇君系教団各派の活動家とは、形態としては日本の街宣型右翼に似ている。彼らの大部分は職業的反日派を兼ねているようだ。間歇泉のような反日運動が盛り上がると、ソウルの日本大使館前で、日の丸を焼いたり、断指血書（指を切り落として、その血で抗議文を書くこと）のパフォーマンスを演じたりするのは彼らだ。彼らの威嚇行動がいかに執拗かは、韓国のマスコミが彼らに「市民（団体）」との美称を与えていることからも推察できよう。金思燁も「壇君」とせざるを得なかったのだろう。

ニンニクはいつ半島に伝わったのか

横道に長居した。『三国遺事』には、もう二カ所、檀君に触れた部分がある。

一カ所は「王歴」であり、「朱蒙《チュモン》（筆者註＝伝説上の高句麗の始祖）は檀君の子」としている。これだと、檀君とは紀元前一世紀ごろの人間になってしまう。

もう一カ所、「高句麗の項」に、こういう分註がある。

――『壇君記』には、檀君が西河の河伯の娘と親しくなって子を生み、夫婁《プル》（筆者註＝北扶餘《ポクプヨ》王）と名付けたとなっているが、（この項の記述の前にある通り）天帝の子である解慕漱《ヘモス》は河伯の娘と私通して朱蒙を生んだ。従って、夫婁と朱蒙は異母兄弟（筆者註＝異父兄弟の誤りだろう）なのだ――

檀君神話の分註に引用された『経』も、この『壇君記』も正体不明の史料だ。

半島に伝わる史書としては二番目に古い『三国遺事』に、ちゃんと載っている——という唯の一点で、「檀君神話の〝原型〟」は存在している。

しかし、『三国遺事』そのものに当たれば、「檀君神話」とは四百字に足りない短文で、引用紹介の形式を踏みながら、その典拠が全く不明なのだ。

揚げ足取りと思われるかもしれないが、この神話に出てくる「蒜」についても、真面目に考えてみる必要がある。

これがなかったなら、熊は人間の女にはなれず、従って檀君も生まれてこなかったのだから重要な小道具だ。日本人に「なるほど、半島の神話だ」と思わすのも、実は蒜が出てくるからだろう。

ところが、西アジアを原産地とする蒜が中国を経て日本に伝わったのは平安時代、八世紀末頃だったという。であれば、半島に伝わったのも七世紀か八世紀だったのではないか。紀元前二五〇〇年ごろ、半島に蒜があったとは信じがたい。

もちろん、「蒜の部分だけは後世の挿入だ」と強弁はできる。「ここに出てくる蒜とはノビル（野蒜）のことだ」とも。

似せて変えておいて「似ている」という〝欺術〟

檀君神話と記紀――どこが似ているのかと私は思う。

「両者とも天孫降臨の形式を踏んでいる」と、しばしば言われる。

しかし、瓊瓊杵尊《ににぎのみこと》は天孫だが、檀君神話の場合、天から降りてきたのは天帝の孫ではなく庶子だ。しかも、天帝の庶孫の母は、異民族を意味するのだろうが「熊女」だ。儒教の価値観が支配する社会で、「嫡孫」と「庶孫」とでは、天と地の開きがある。

「日本の神話と同じで、三種の神器を持って降りてくる」とも巷説は言う。しかし原文を見れば「天符印三個」とはあるが、「三種の神器」ではない。

金両基《キムヤンギ》（静岡県立大学教授）が書いていた。

「天符印三個とは霊験あらたかな神器である。筆者は剣と鏡と鈴の三器だと考えているが、鈴のかわりに曲玉を考える説もある」（『物語　韓国史』中公新書、一九八九年）と。

「天符印三個」を「天符と印三個」と読む学説はあるが、どう読んでも「剣と鏡と鈴あるいは曲玉」にはならない。

「鈴のかわりに曲玉」とする説を述べている人とは、いったい誰なのか。

どういうハンコだったのか、という想像ならまだ許容範囲かもしれない。しかし、

「剣と鏡と鈴」にしてしまうと、これは捏造ではないのか。

このような言説は、檀君神話を知らない人にとっては新鮮に映ることもあり、いつのまにか常識として定着してしまいかねない力を持つ。

実際、インターネット上の「Q＆Aサイト」には、次のような「回答」文面が載っていた。要約するとこうだ。

―『古事記』に出てくる「天孫降臨」は、朝鮮の「檀君神話」と極めて共通性が高い。天帝桓因に桓雄という息子がいて、桓雄は天符印と三千名の天人と共に地上に降臨する。「天符印」は「剣、鏡、鈴」であるとされる。この「剣、鏡、鈴」の「天符印」こそ、日本の「三種の神器」の源流であろうと言われている―

日本の神話に似せて勝手に変えておいて、「日本の神話は檀君神話と極めて共通性が高い」と言うのだから、呆れた〝欺術〟だ。「……源流であろうと言われている」との表現も、自説の客観化を図ろうとする〝胡散臭い筆法〟ではないか。

素直に考えれば、「歩兵三千を率いて……人間を教化した」とは、異民族による征服支配の露骨な（神話らしくない）表現だ。

ところが回答では、原文「徒三千」（筆者註＝「徒」は「騎」の対語）が「三千名の天人」にスリ替わり、「庶子」も「息子」に書き換えられている。

「山に隠れて死んだ」で闘争心が？

『三国遺事』について『朝鮮を知る事典』（平凡社、一九八六年）は、こう記している。

紀異（筆者註＝王暦に続く「紀異篇」のこと）の最初の項目に檀君王倹の神話をあげたことは、本書が単に《三国史記》の補遺でなく、元の支配に反対し、民族の自主独立を標榜した歴史書といえる――。


「あげたことは……歴史書といえる」――日本語表現の問題はともかく、内容は日本の朝鮮史学界の常識に属するのだろうが、私には不思議だ。

「民族の自主独立」とは、十三世紀の半島の僧侶が持ち得たイデオロギーだろうか。

そもそも高麗とは、既に中国系や濊族・貊族、さらには倭人との混血が完了していた韓族を中心にして、旧高句麗の高句麗族、靺鞨族との合体国家だった。そこに、「民族の自主独立」意識が湧き起ったのだろうか。

一然は、各篇の中でも「紀異」篇を最初に示すことの意義を、「紀異」篇の冒頭で述べている。しかし、それは檀君神話を最初に記すことの意義を述べているのではない。紀異篇は基本的に、扶餘など周辺国家から三国へ大項目を組み、それぞれ事跡の年代順に書かれている（仏教説話の篇は、必ずしも年代順ではない）。

「紀異」篇の冒頭は、絶対的に古い紀元前二千数百年の話にならざるを得ないではないか。「紀異の最初の項目に檀君王倹の神話をあげたことは……」と力んで紹介するような性格の記述順ではない。当たり前のことだろう。

檀君神話がその後、乙支文徳の話と同じように、民族主義者により限りなく《捏造インフレ》され、今や《超夢想的朝鮮民族絶対主義史観》のシンボルになり、北朝鮮も檀君廟を建立して「民族の祖」として祀っているのは事実だ。

しかし一然に、モンゴル・元に抵抗するため、檀君を朝鮮民族のシンボルに祭り上げようという意図があったのだろうか（一然が「反元」だったこと自体は、宋の元号を用いていることからも明らかだ）。

一然に、そんな意図があったのなら、いくらでも造作ができた筈だ。

一然が生きた時代は仏教の全盛時代だが、既に儒教の力も強かった。とりわけ史官は〝儒教徒〟で占められていたに違いない。

そうした状況の中で、もしも一然が「桓雄は桓因（天帝）の嫡男（古史が庶子としているのは間違いだ）であり……」とでも書いているのなら、まだ解る。

が、ハナから天帝の「庶子」が登場してきて、「熊女」（おそらく濊族の女性）と野合するとあっては、高麗王朝の史官たちは笑い転げたのではあるまいか。

檀君は、箕子が封じられてくるや、山に隠れ、やがて死ぬ。

「侵略を試みた箕子一派を追い払い、栄え続けた」と説くのなら、大いに解る。しかし、山に隠れたまま死んだのでは、どうして民族の闘争心を奮い立たせることになろうか。

一然としては、いくらでも造作ができた。しかし、そんな気はなかった。古史料をいくら漁《あさ》っても、檀君に関しては、分註まで入れても四百字にもならなかった。

『壇君記』なる史料も、「高句麗」の項に分註扱いで挿入する程度の内容でしかなかった。『経』も檀君そのものには触れておらず、地名の異説を載せる程度の内容だった。

それでも、『三国史記』が載せていない伝承、異説をできるだけ収録することが一然の基本姿勢であり、かつ時代順で行けば絶対最古の話だから、当たり前のこととして最初に載せた ― それだけのことだろう。

「し」と「チ」が同音か

『三国遺事』には、脱解に関する項で述べたように、『駕洛国記（抄録）』が収められている。その『駕洛国記（抄録）』の冒頭に、これまた「日本神話の原型」とされる金首露の降臨神話がある。要約して紹介しよう（要約文中の〔 〕は原文中の分註）。

― 開闢以来、この地には国の名称がなく、君主の呼び名もなかった。

後漢の世祖、光武帝の建武十八年（四二年）、村の北側にある亀旨〔これは峰の名前で、十朋が伏している形に似ていたから、そう呼んでいる〕に怪しげな声がした。

声は聞こえるが、姿は見えない。

その声は「ここに人がいるか」と聞く。九干（村の指導者）らが「おります」と答えると、「ここはどこなのか」と聞く。

「亀旨です」と答えると、「皇天が私に言い付けて、ここに来させ、国を新しく建て、私に君主になれと言われたので降りてきた。峰の頂上の土を掘りながら、〃亀よ、亀よ、頭出せ、出さずんば焼いて食べるぞ〃と歌い踊れば、大王を迎えることになる」と。

皆がそうすると、天から紫色の紐が垂れてきた。紐の端には紅い風呂敷（紅幅）があり、中に黄金の卵が六つ入っていた。それを家に持ち帰り、翌朝、大勢の者が集まり見ると、六つの卵が、六人の男の子になっていた。

初めに現れた男の子を首露と言い、大駕洛、あるいは伽耶国の君主となり、残り五人もそれぞれ五伽耶の主となった――

『駕洛国記』の全文は現存しない。一然が抄録し『三国遺事』に収めたものが残っているだけだ。抄録は全文漢字で五千字ほど。右に要約を紹介した部分だけでも、実際には漢字で五百字ほどある。

これが日本の天孫降臨神話に似ているのかどうか――。ともかく、人間が既に住んでいる所での〃神業〃から始まるのだから、日本の神話とは基本部分からして違う。

扶餘から半島にかけての神話とは、大体のところ、①既に国土があり、人も住んでいる、②山野と川が舞台である、③体系的な物語ではなく、人々が見ている前で起こる一瞬の神業である ― ことを特徴としている。

金首露神話も、舞台は海に面した地なのに、その生誕説話は海と無縁だ。

しかし、ここから「日本神話の原型論」を始める学者もいる。

典型は、江上波夫（東京大学名誉教授）だ。〝マルクス主義＝進歩的＝正しい〟という「戦後の神話」が日本を覆っていた時代に、日本中を風靡した〝騎馬民族による日本建国論〟を提唱した学者だ。

「天神なる外来民族が、南部朝鮮、とくに任那（六伽耶）方面と深い関係にあり、たぶんそこから北九州に渡来したことを、もっとも明確に示すものは、ニニギノミコトの高千穂峯降臨説話そのものにほかならない」（『騎馬民族国家』中公新書、一九六七年）と、江上は断言する。江上が記紀の伝説と六伽耶国の建国伝説が共通するとしている点を紹介しよう。

①国土を支配せよという天神の命令（神勅）を受けて天降ること。
②真床覆衾（紀）・紅幅（『駕洛国記』）など布帛につつまれて落下すること。
③槵触《クシフル》・槵日《クシヒ》、久士布流（記紀）・亀旨（『駕洛国記』）など、ほぼ同一地名と認められる

ところに降下すること。

これらを指摘して、江上は「南部朝鮮、ことに任那（六伽耶）方面から、その建国神話をもたらして北九州に渡来した外来民族——天神——が、その新支配地の高い連山（高千穂峯）にこれを結びつけたものが、記紀所伝の天孫降臨建国説話にほかならない」と結論するのだ。

上垣外憲一（帝塚山学院大学教授）も、同様に展開している（『倭人と韓人』講談社学術文庫、二〇〇三年）。

『古事記』では、天孫の降り立った場所は、「竺紫の日向の高千穂の久士布流多気」といい、『日本書紀』の一書では、「筑紫の日向の高千穂の槵触峯」といっている。この久士と、「駕洛国記」の降臨の山、亀旨とは全く同音である……降臨神話の基本形も他のさまざまな文物と同じく、加羅から玄界灘を渡り、北九州にもたらされたのだ。

江上の①について言えば、記紀では天降り支配する地域が既に決まっていて、そのための地ならしが行われるのに対して、金首露神話では天降る主体が「ここはどこなのか」と尋ねる。②に関しては、人間の形をした天孫と、金の卵六つの違いがある。

③に関しては、以下のことを指摘したい。

江上は「久士」を「くし」、上垣外は「くじ」と読むが、共に「亀旨」と同音としている。しかし、亀旨の韓国語音は「クシ」や「クジ」ではなく「クチ」だ。

韓国語の発音には、実は日本語のような明確な「濁音」がなく、あるのは「半濁音」だ。「亀旨」も実際の発音としては「クチ」と「クヂ」の中間といえよう。

漢字の「旨」のハングル表記は「지」であり、ハングルの「ス行」音は「チャ、チャ、チョ、チョ、チュ……」と展開し、母音「イ」と結びついた지の発音は「し」でも「じ」でもなく、「チ」だ。

「くし」と「クチ」を比べてみたら、いかがか。

親韓派の古代史マニアたちがしばしば語る「日朝神話の酷似性」とは、檀君神話と金首露神話を（意図的になのか、どうか）混合、かつ歪曲して、こんなふうになる。

―朝鮮の神話でも、天孫は日本の神話と同様に、高い峰の上に降臨してくる（「亀旨の峰」は高いとはされていない。そもそも金首露の国があったとされる金海周辺に、高い山はない。「高い峰」は檀君神話から来ているのだろうが、そこに降りてきたのは「天孫」ではなく「天帝の庶子」だ。

亀旨に降りてきたのは金の卵だ）
――しかも、「三種の神器」まで持って降臨した（これも檀君神話からだが、天帝の庶子が降臨に際して天帝から与えられたのは、先に詳述した通り「天符印三個」だ）
――その上、降り立った所は「クジ」の峰という。瓊瓊杵尊が降りた「クシフル」の峰とは、あまりにも似すぎている（これは金首露神話からだが、「降り立った」と言うよりは、「クチ」に「天から届いた」物は「金の卵六つ」だ）
――つまり九州と、対岸の韓国釜山市周辺には、ほとんど同じ神話があるのだ（檀君神話の舞台は、ツングース系が住んでいた半島北部から中国吉林省にかけての地域だ）

金庾信の碑は何を語るか

金首露の後裔が、新羅の大英雄・金庾信（五九五～六七三年）だ。百済と高句麗を亡ぼす戦いの中心になった猛将だ。金庾信の妹が武烈王（金春秋）に嫁ぎ、金庾信は武烈王の三女を娶った。

『三国史記』の「列伝」は、金庾信の項から始まる。「列伝」は十巻からなり、五十二人の事蹟を紹介しているが、金庾信一人に実に三巻を割いている。それほど金庾信とは、新羅史にとって特筆すべき人物だったのだ。

「列伝・金庾信」は、こう書き出している。

金庾信、王京人也。十二世祖首露、不知何許人也。以後漢建武十八年壬寅、登亀峰望駕洛九村。遂至其地開国。号曰加耶、後改為金官国。其子孫相承。至九世孫仇亥、或云仇次休、於庾信為曾祖。羅人自謂少昊金天氏之後、故姓金。庾信碑亦云、軒轅之裔少昊之胤。則南加耶始祖首露与新羅同姓也。

〈金庾信は王都の人である。十二世祖の首露は、どこの人か分からない。後漢の建武十八年（四二年）壬寅に、亀峰に登り、駕洛の九村を眺め、遂にはそこに国を開いた。その国名を加耶といい、後に金官国と改名した。彼の子孫が王位を継承し、その九世孫が仇亥《クヘ》（筆者註＝金官国が新羅に投降した時の王）だ。彼は仇次休《クチャヒュ》ともいい、庾信の曾祖父に当たる。

新羅の旧王族たち（慶州金氏）は、自分たちを少昊《ソホ》金天氏の後裔であるといい、金氏を姓としている。庾信碑によれば、彼ら（金海金氏）もまた軒轅《フォヌォン》（黄帝）の後裔

であり、少昊の子孫であるという。それで南加耶《ナムガヤ》の始祖首露の一族は、新羅の旧王族と同姓なのである〉

少昊金天氏とは、中国の神話伝説に出てくる五帝の一人だ。山東省に生まれ東夷の首領だったとされる。軒轅は中国を統治した五帝のうち最初の帝であるとされている。金庾信の祖である金首露は、韓国最大の氏族である金海金氏の始祖でもある。金首露には、天から山の峰に届いた黄金の卵から生まれたという〝立派な始祖神話〟がある。それなのに「列伝」は、「不知何許人也（どこの人か分からない）」と〝不遜きわまりない表現〟で片付けている。

その代わりに、現在は消失しているが、『三国史記』の編纂当時は内容が伝わっていた（おそらく現物も存在した）金庾信の碑文内容を引用している。

金富軾は「百済本紀」末尾の論曰で、「少昊金天氏の後裔」に関して簡単に述べている。その分註では、金庾信の碑文についても触れ、「新羅の国子博士（筆者註＝エリート養成学校の教授）の薛因宣《ソルインソン》が撰述した金庾信碑、および朴居勿《パクコムル》が撰述し姚克一《ヨククギル》が記した三郎寺《サムナンサ》碑文に見られる」と出典を明示している。

『三国史記』が完成した際の同時代の知的読者に向かって、堂々と出典を示しているのだから、金庾信の碑文内容を疑うことはできない。

その碑文は「軒轅（黄帝）の後裔であり、少昊の子孫」としていたのだ。瓊瓊杵尊が天降った高千穂の〝くしふる〟の峰と名前まで似ている亀旨（峰）に金卵で降臨したという首露伝説とは全く違う話ではないか。これは一体、どういうことなのか。

「本紀では触れず、付録部分でも引用表記」の意味

金庾信は六七三年に死んだ。碑は、その直後に王命により建てられた。それは「列伝」の金庾信の項に書いてある。「命有司立碑、以紀功名」〈王は役人に命じて碑を建てさせ、そこに功名を記録させた〉と。

その碑文の文案は国子博士が書いたわけだが、碑文を刻ませる前に、担当の役人が、高位の貴族だった庾信の長男らに見せて相談しない筈はない。

一族が当時、「金卵降臨」という素晴らしい始祖神話伝説を持っていたのなら、国子博士らが全く別の文案を出すこともなかったろう。始祖神話伝説と似ても似つかぬ内容なら、庾信の遺族がそれを了承することなど、先祖崇拝の強い半島で、あり得まい。

つまり、金首露の直系子孫である金庾信の遺族たちは〝黄金卵の降臨神話伝説〟など知らなかったのだ。

あり得るとしたら、つまらない始祖伝承しかなかった金首露の直系子孫が、中華崇拝の空気の中で、ある時、つまらない伝承を捨て「軒轅（黄帝）の後裔」に乗り換えたケースだ。

金首露の直系が「金卵降臨始祖神話」を持っていたのに、それを捨てて……というケースは、『三国史記』を検証すれば想定し難い。

金首露を始祖とする名門の本貫・金海金氏は、今日の韓国では人口の数パーセントに達する大集団だ。もちろん、大集団化するのは、族譜が作られるようになり、奴婢も姓を持つようになった過程を経てからのことだろう。しかし『三国史記』編纂当時も「名門」だったことは明らかだ。彼らが当初から「金卵降臨始祖神話」を持っていたのなら、『三国史記』の編者たちが知らなかった筈はない。

金官国は攻め亡ぼされたのではない。投降したのであり、史書類も含めた「国庫」は、そのまま新羅に引き渡された。そして、新羅の「国庫」はそのまま高麗に引き渡され、『三国史記』の編者たちの貴重な史料になった。

名門であり、かつ半島最大の氏族である金海金氏の「金卵降臨始祖神話」が、編者たちが手にした史料群の中にあったなら、どうして『三国史記』がそれを引用、あるいは紹介しないことがあろうか。

「新羅本紀」には、金首露が土地争いの調停役にはうってつけの長老王として登場する。が、そこには「金卵降臨始祖神話」を引いた紹介記事もなければ、金庾信碑に基づく形容句も全くない。

金庾信が活躍した時代には、「大唐崇拝」の風潮の中で、始祖を古代中国とする新羅名門が既に多々あったのだろう。編者たちは、金庾信の遺族が「自分たちは軒轅の後裔だ」と主張していたことは承知しながらも、その主張の内容に関しては全く信じていなかったのだ。

だから「新羅本紀」は、金首露に関しては何の形容句も付けていない。正史の中では〝付録〟に当たる「列伝」に入ってようやく紹介になるが、編者が直に責任を持つ地の文章として記述されているのは「不知何許人也」だけだ。「軒轅の後裔」も、あくまでも碑の「引用」なのだ。

こうした点にまで心を砕いている編者たちが、まさに読み始め部分に当たる一、二巻に、誰にでも分かる年代錯誤を、うっかり何カ所も犯してしまい、校閲過程でも錯誤が見落とされたなどということは、あり得ない。

一、二巻に現れる「おかしな年代表記」は、まさに〝確信犯〟の行為であり、それを解く心は「春秋の志」なのだ。

はるか後世の捏造神話

金首露の降臨伝説とは、金庾信の死後から『駕洛国記』を著した文人が金海に赴任する十一世紀初頭までの間に、何者かにより造作されたのだ。

『駕洛国記』の筆者は史官ではない。今西龍は、その年代表記などに、かなり杜撰な箇所があることを指摘している（『朝鮮古史の研究』復刻本、国書刊行会、一九七〇年）。

『駕洛国記（抄録）』は今日でこそ、「日本神話の原型らしい金首露の降臨神話を伝える唯一の書」として〝存在感〟がある。

高麗の春秋館には当然、史料の一つとして『駕洛国記』の全文が備わっていたろう。しかし、金庾信の碑文内容を知っていた史官からすれば、『駕洛国記』が伝えている降臨神話とは、後代の造作であることが明白な噴飯物だったろう。

　そもそも、その内容は記紀神話に似ているというよりも、朴赫居世と金閼智の古伝を繋ぎ合わせたような代物だ。〝亀よ、亀よ、頭出せ……〟の歌も、『三国遺事』の別の項目（「水路夫人」の項）に出てくる歌に似ている。

「金庾信」伝は、三巻目で玄孫（孫の孫）の業績にまで一部触れている。一人の玄孫は正規の使節として日本に行っている。記紀神話を聞いたことだろう。「金庾信」伝に出てくるもう一人の玄孫は執事郎《チプサラン》の長清《チャンチョン》だ。「金庾信」伝の末尾に、こうある。

　長清作行録十巻、行於世。頗多醸辞、故刪落之

〈長清が金庾信に関する『行録《ヘンノク》』十巻を著して世に伝えた。しかし、それはきわめて〝醸辞〟が多いので削り落とした〉

「醸辞」とは〝捏造して面白くした話〟のことだ。

　こうした編纂経緯そのものに関するコメントは、『三国史記』全編を通じて、ここにしかない。

　編纂者たちは「金首露の降臨神話を造作したのは、金庾信の玄孫だ」と、確信してい

たのではあるまいか。『行録十巻』に「降臨神話」が載っていたのではないのか。

そうでもなければ、新羅のまさに大英雄たる人物を紹介する「列伝」の末尾で、その末裔が祖先について記した書に対して「頗多醸辞、故删落之」と、簡潔ながら、侮辱的にして強烈な一太刀を浴びせることなど、あり得なかったのではないか。

極めて自然に考えれば金首露も倭人だ

金首露は一応、一世紀の人物として描かれている（ただし、九代目の仇亥が六世紀中頃の人物とすると、一代当たりの年数が、あまりにも長すぎる）。それから、一千年以上経てから作成された後代史料により金首露の出自を探るより、はるかに説得力のある史料が実はある。三世紀後半に作成された『三国志』だ。

その『倭人伝』は、狗邪韓国を「倭の北岸」とする認識を示している。

半島南部にあった倭国の分国、狗邪韓国の後の国号こそ金官国であり、「南伽耶」とも呼ばれた。『駕洛国記』も『三国史記』も、そこを支配した最初の王朝が新羅に投降するまで同一だったことを記している。

半島にあったとはいえ、早い時代から倭国に属していた国であれば、その最初の王は倭人だったと考えるのが最も自然ではないのか。日本の朝鮮史学者も、韓国の国史学者も、こうした「極めて自然な想像」を働かせないのは何故なのだろうか。

金首露は百七十五歳まで生きたことになっている。百七十五歳―これは古代倭人の二倍暦（春が来ると一歳、秋が来ると、また一歳とする）以外にあろうか。

「金首露の降臨神話」を知った人間が、『三国史記・列伝』の冒頭を読んだなら、誰だって「何っ⁉」と声を上げざるを得まい。が、私の知る限り、日本の朝鮮史学者は誰一人として「何っ⁉」と言っていない。

それは、江上波夫に対する援護なのだろうか。結果として、彼らは半島と列島の近似性を語る「根拠を誤った俗説」を流れるままにしてきたのだ。

卵生も降臨も信じていない編纂者

「列伝・金庾信」の冒頭の一節には、もう一つの〝逆転話〟が載っている。

既に引用紹介した通り、「羅人自謂少昊金天氏之後、故姓金」の部分だ。

ここにある「羅人」とは「金海金氏」とは違い、「新羅の金王室」を中心とする一族、即ち「慶州金氏」のことだ。

これは、『三国志・韓伝』の「辰韓の民は中国からの亡命者の末裔」との記述に、真実性を深めさせる材料なのだろうか。

慶州金氏は、金色の小櫃に入れられ木の枝に引っ掛かっていたところを、瓠公により発見された金閼智を始祖とする筈だった。が、『三国史記』は「列伝」に入るや、その金氏についても「少昊金天氏の後裔」と自称していると述べているのだ。

金閼智に関する〝拾い子説話〟も、「金首露の降臨神話」と同様に、中途半端な造作であることを、『三国史記』は暴露しようとしているのだろうか。

私は、そうは思わない。なぜなら、「金首露の降臨神話」は、そもそも『三国史記』のどこにも書かれていないが、金閼智発見は「本紀」にある。

金富軾は「新羅本紀」末尾の「論曰」で、こう述べている。

論曰、新羅朴氏、昔氏、皆自卵生。金氏従天入金櫃而降。或云乗金車。此尤詭怪不可信。然世俗相伝為之実事

〈新羅の朴氏と昔氏の始祖は皆、卵から生まれた、金氏は金の櫃に入って天から降りてきたとか、金の車に乗って降りてきたという（筆者註＝ここでも金海金氏の始祖神話は

無視されている)。これらは奇怪なことで、とても信じられない。しかし、世間では

これを代々伝え、実のことになっている〉

つまり、編纂責任者の金富軾自身は、始祖の卵生神話や降臨神話などハナから信じていない。しかし、編纂責任者の権限をもって、それを正史に記載させないという措置は取らなかった。基本的には「世間では代々伝え、実のことになっている」話を、神話的部分を最大限に削り取って記載させたのだ。

金閼智の場合なら、「金の櫃に入って天から降りてきた」「金の車に乗って天から降りてきた」といった伝承を記す古史書もあったが、「金色の櫃に入って枝に引っ掛かっていた」との表記になったのだ。その伝承は、高麗時代になっても「実のこと」として語り継がれていたから、正史に採用された。後世の造作であることが明らかな「金首露の降臨神話」とは、性格が違ったのだ。

土着より、偉大な隣国の賢者の末

では、金閼智神話と「少昊金天氏の後裔」とは、どんな関係なのか。

金閼智から、金氏で初めて王位に即く味鄒王までの「七世代」については、いろいろ考えられる。味鄒王の父とされる仇道《クド》に関しては、その武勇が「新羅本紀」に様々と記されている。しかし、閼智から五代目までは「〇〇は▽▽を生み、▽▽は……」と名前しか出ていない。

仇道の初出は一七二年で、八代王の時代だ。仇道は初代の「軍主《グンジュ》」に昇進するが、作戦失敗の責任を取らされて、地方城主に左遷される。これが一九〇年で、それ以降のことは載っていない。味鄒王が即位するのは二六二年だ。

仇道は軍主を経て城主に左遷された時、何歳だったのだろう。

しかし、この部分は、新羅の建国からの年代を単純に引き延ばすためとは思えない。閼智と仇道の間の四世代は空白に等しいのだから、もう三人ほど継ぎ足すことは難しくなかった筈だ。しかし、古史書の編纂者は、そうはしなかった。

おそらく味鄒王とは、金閼智から仇道までの系譜とは同じ一族であれ、直に繋がっていなかったのだろう。父は地方城主に左遷されたが、息子は王都にいて、王の娘を娶り、王になるとは想定しがたい。

以下は、全くの想像だ。

――後に「慶州金」氏を名乗ることになる集団の中には、閼智－仇道の流れとは別に有力な家系があり、かねて朴・昔両王室とも、また閼智－仇道の流れとも婚姻関係を結んでいた。

そこにいた味鄒が十一代助賁王（昔氏）の娘を娶り、やがて王族集団の中で最有力者となり、十三代王に即いた。その際、味鄒の直接の祖先には、名が残っているような英雄的人物がいなかったから、同じ一族である金閼智の末裔、仇道の息子と称した――。

従って、仇道で歴史から姿を消す系列については「金櫃伝説」（拾い子説話）が残り、それは庶民の間で「実の話」として信じられてきていた。しかし、新本流はそれに縛られることなく「少昊金天氏の後裔」と称していたのだ。

《朝鮮民族絶対主義史観》の元祖である申采浩は「中華盲従の金富軾は新羅の金王室まで少昊金天氏の後裔にしてしまった」（矢部敦子訳『朝鮮上古史』緑蔭書房、一九八三年）と告発調に断定しているが、妥当性ある批判だろうか。

金富軾らが『三国史記』を編纂した時代、旧新羅王の直系（慶州金氏）は、そこそこの貴族として、高麗の王宮に多数いた。そうした中で編纂された『三国史記』が、旧新羅の金王室について「少昊金天氏の後裔」と記している。これは、旧新羅王の直系たちも、金閼智に関する〝拾い子説話〟の存在と矛盾を感じることなく、「自分たちは少昊金天氏の後裔」と称していたからこそ、そうした記述になったと解するべきだ。金富軾自身も、族譜の上では末端ながら慶州金氏なのだから。

もっとも、慶州金氏の新本流が、本気で「少昊金天氏の後裔」と信じていたとは思えない。本気で信じていたのなら、唐の皇帝に大いに吹聴していただろう。そして、その場面は「新羅本紀」の中に書かれていた筈だ。「少昊金天氏の後裔」とは、新羅の金王室の国内向け宣伝だったのだ。

それにしても「島国の民」たる日本人なら考えるだろう。一国の王たる者は「土着でなければならない」と(だから「記紀」は本質的に、そう書いているのだと思う)。

しかし、半島では一国の王たる者が――日本人から見たら「うってつけの降臨伝説」には乗らずに――「偉大なる隣国からの流入者」、ただし、そんじょそこらの民ではなく、「偉大な賢者の末」と自ら称する。やはり、列島と半島とは、基本的な価値観が違うのだ。

第六章　「倭王の出自は半島」と思っている方々へ

書いていないことの積極的意味

「倭王（あるいは天皇）は半島から来た」――そう漠然と思っている日本人は少なくないようだ。特に団塊の世代には多いように感じる。「君、知らないの。天皇家はね……いや、天皇だけでなく日本人は殆んど……」と、時に意味ありげな表情で始めることが「インテリの証明」だとでも錯覚しているような人々は依然として少なくない。

周囲にいる団塊の世代に聞いてみれば、大体のところは江上波夫の「騎馬民族国家論」の影響のように思える。しかし、「江上論文（本）を最後まで精読した」という団塊の世代には会った記憶がない。ただ、それらしきことを断片的に語るのだ。

団塊の世代には、親や兄の世代（日教組を含む）から伝え聞いた戦後の衝撃的な論文の核心部分だけが脳裏に残っている人が少なくないのだろう。逆に言えば、又聞きした江上論文の衝撃だけで、この部分に関する歴史知識の蓄積・更新に終止符を打ってしまった人々だ。

韓国人の場合は、インテリと思《おぼ》しき人の中に、時として「天皇家の出自は韓国」と語る人がいる。何人かに、その根拠を質したことがある。が誰も、その根拠を理路整然と述べることはなかった。詰めてみれば、ほぼ一様に「日本の高名な歴史学者が、そう言っている筈だ」で終わる。

「日本の有名な歴史学者の大部分は『そうではない』と主張している」事実など、彼らは知らないし、聞こうともしない。都合のいい説だけでいいのだ ― そういう状況だった。

しかし二〇〇九年十二月、韓国を訪問した民主党の小沢一郎幹事長は、国民大学《クンミン》での講演で、江上説を敷延して「天皇家の出自は朝鮮半島南部、いまの韓国」として聴衆を大いに沸かせた。「天皇の半島出自論」は、おそらく「日本の最高権力者も認めたことだ」として、急速に拡大していくだろう。

ちなみに『中央日報』（二〇〇九年十二月十三日）は、小沢発言を「韓半島南部の実力者が日本の国家を樹立した」と述べたと伝え、それが江上説の敷延であることには全く触れていない。

この延長線にあるのは、「半島に出自を持つ天皇は平和主義者であり、現に親韓派だが、天皇を取り巻く極悪倭奴が……」という論理展開ではあるまいか。

では、半島の古史書には、倭王（あるいは天皇）の出自に関して、どう書いてあるのだろうか。

『三国史記』は、何も書いていない。

もしも、海を渡った韓族、あるいは濊などツングース系民族の中から、倭王が出たのだとしたら、そうした伝承が半島に残らない筈があろうか。

中華文明圏では、少なくとも近世に至るまで、ある国の王（帝）の出自は、史家・史官の絶対的な関心事だった。おそらく民衆も強い関心を持っていたのだろう。

『三国志・扶餘伝』は、末尾に『魏略』を引用して――その昔、北方にあった高離之国で、王の侍婢が「天上の気」に犯されて生んだ子（東明《トンミョン》）が勇猛に育った。国を奪われることを恐れた王は彼を殺そうとしたため、彼は南に逃げ、扶餘国を建てた――との伝説（東明神話と呼ぶ）を紹介している。

『三国志・高句麗伝』は、その王の出自について何も書いていない。

しかし、六世紀半ばに完成した『魏書・高句麗伝』になると、祖は朱蒙と明記される。その母は河伯の娘で、扶餘王に幽閉されていた時に、日光に照らされたことで妊娠し卵を生み、そこから朱蒙が誕生する。朱蒙は王に殺されそうになったため逃亡し、高句麗を建国した（朱蒙神話と呼ぶ）というのだ。

東明神話と朱蒙神話の間にあったと思われる建国説話を載せているのが、完成は『魏書』の後となる『梁書・高句麗伝』だ。ここでは、高句麗の祖は東明であるとする。槖《たく》離《り》国の侍女が「天上の精気」に犯されて東明が誕生する。王が、猛々しい東明を殺そうとしたので、東明は南に逃げ、扶餘国を建て、その一族がさらに南に流れて高句麗を建国したというのだ。

侍女は「河伯の娘」に格上げされ、「天上の気」は「日光」（天帝）に変わり、普通の赤ん坊が「卵生」に変わる。舞台も「北方の国↓扶餘」だったものが「扶餘↓高句麗」へと南下する。

そもそも扶餘国の建国神話だったものが、肉付けされて高句麗の建国神話になる。いや、決して、半島の建国神話は、このように剽窃され捏造されてきた――と言いたいのではない。建国神話とは、こんなふうに「発展」していくものなのか――時々の伝承の変化を伝えてくれる中国の正史は、日本の建国神話を探る上でも貴重なヒントになると考えた次第だ。

さらに「百済本紀」は、朱蒙神話を基本に据えて、朱蒙が高句麗に来てから儲けた兄弟が、扶餘から来た朱蒙の長男との軋轢を恐れて、南に逃げて建てた国を百済として描いている。

だから、百済の王族の出自は解るのだが、初期百済の国域にいた人民が、どんな民族構成だったのかについては何も書いていない。

『三国史記』の典拠となった古史書が編まれた時代も、『三国史記』が編纂された時代も、王の出自には強い関心が持たれていた。そうした時代だったのだから、半島の各国と〝強烈な交渉〟があった倭国の王の出自について、何の言及もないことは、むしろ異様とも思われる。

『三国史記』に、倭王の〝素顔〟は、于老の冗談に怒ったこと、一度だけしか出てこないのだ。

倭と新羅は交戦状態が長かったとはいえ、修交していた時代もある。停戦になると、倭将が新羅を訪れて、宴席が設けられることもあった（于老が火刑に遭った時代）。倭と百済は親密だった。倭と高句麗も、戦っていたばかりではない。倭と任那・加羅は同族の部分が相当あったし、任那・加羅は新羅とも百済とも交渉があった。『日本書紀』によれば、そこには倭国から半島に派遣された将が半島の女性との間に儲けた混血の将が介在したりした。

こうした中で、倭王の出自が話題に上らなかった筈はない。『三国史記』の典拠となった古史書が編纂された時代の列島では、「半島を出自」とすることが、差別や偏見を呼ぶようなこともなかったと考えられる。むしろ倭の将なら、半島の小国と折衝する際、「わが倭王の祖は半島から来たので、お前たちに温情を施してやるのだ」ぐらいのことを述べていたとしても、おかしくはあるまい。

が、『三国史記』には何も出てこない。

倭王は土着の倭人だ――「当たり前のことだから書いていない」と見るのが自然な理解だ。『三国史記』は、魏、隋、唐の皇帝の出自にも触れていない。これは、高麗時代の知的読者にとって常識だったからだろう。

「倭王の出自は、わが半島だ」という重要な伝承があるのに、正史がそれを記さなかったとしたら、金富軾以下の史臣は王に対して不忠だったことになる。しかし、金富軾らが王命に忠実であり、〝正統なる新羅〟の恥部も晒す形で『三国史記』を編纂していることは、これまでに検証した通りだ。

つまり、『三国史記』の典拠が編纂された時代にも、十二世紀の高麗にも、半島に出自を持つ人間が倭王になったというような記録も伝承もなかったのだ。

倭王武の上表文は「私は倭人」と言っている

中国の各正史で『東夷伝』に当たる部分を見れば、高句麗、百済、新羅の王については、いずれかの正史に出自が記されている。

では、倭王については、どうか。

『魏志倭人伝』は、「男王－卑弥呼－男王－壹與」の流れを載せている。壹與は卑弥呼の同族の娘（宗女）だが、他の関係は血縁があったのかどうかも明らかではない（おそらく卑弥呼と前後の男王とは血縁がなかった。だから、書いていないのだろう）。

五世紀後半にできた『宋書』は、いわゆる「倭の五王」について記している。中でも有名な倭王武の宋の皇帝あての上表文は、先にも触れた通り「自昔祖禰、躬擐甲冑、跋渉山川……渡平海北九十五国」としている。

古代日本史学者はしばしば、この文面を取り上げているのに、重要な事実の指摘を忘れているのではないか。

この一文から、倭王にとって「海北」（半島）とは、「祖先たちが征服のために渡った地」であり、倭王家の故地でも本拠地でもなかった事実が読み取れることだ。もちろん、半島を「海北」と呼ぶ倭王が近畿ではなく九州にいたことも明らかだ。

倭の五王は半島南部の支配権認定を宋の皇帝に執拗に要求した ― とする通説に従おう。その要求を実現するためであれば、「倭之先、出自半島」を書き足した方が効果的だったのではないか。

が倭王は、そんなことは書かなかった。宋も、そうではないこと、即ち倭王の出自が列島であることを知っていたからだ。

中国の正史を見ていけば、『隋書』になって、ようやく「俀王姓阿毎、字多利思北孤、号阿輩雞彌」〈倭王の姓はアメで、名はタリシホコ、オオギミと号する〉と、王の姓が出てくる。そして十一世紀半ばに完成した『新唐書』に至って、王統が伝えられる。が、そこにも

「○○から渡ってきて、遂に倭の王になった」というような記述はない。

中国の正史は「春秋の筆法」が基本だ。「当たり前のこと」を省いて記述している。例えば扶餘と高句麗、高句麗と濊など、同民族なのに呼称が違う族間では「別種（支族の意）である」「言葉はほとんど同じだ」「風俗はやや違う」など比較の記載がある。それは、馬韓と辰韓の間でも同様で、「言葉は同じではない」などと書かれている。が、高句麗などツングース系民族と韓族との間には比較の記述がない。「違う」ことが大前提であり、わざわざ「違う」とは書いていないのだ。

倭人伝に韓族との比較記述がないのも、両者が明らかに違う民族だったからだ（ただし『三国志・韓伝』には、「男女は倭人に似ていて、刺青もする」とある）。当然、言語も違ったのだ。

半島に伝わる最古の正史も、中国の正史も、倭王の出自について何も書いていない。それらの史書の性格からすれば、それは単に「書いていない」のではない。「当然のことながら〝純粋倭人〟である」ことを示している。

その倭人とは、そもそも九州北部を中心とする列島だけではなく、半島南部にもいたのだ。本家筋の大集団は列島にいたのであり、半島から列島に渡ってきたのではない。

だから、半島南部から発掘された遺骨が、九州北部から出た弥生人の遺骨と骨格などが極めて似ていた ― これは驚くことではない。古史書が示す民族地図からすれば、当り前のことだ。

延烏郎説話が語るところ

しかし『三国遺事』には、日本に行って王になった人物の説話が載っている。こういうものだ（〔 〕内は原文中の分註）。

第八阿達羅王即位四年丁酉、東海浜有、延烏郎、細烏女夫婦而居。一日延烏帰海採藻、忽有一巌〔一云一魚〕、負帰日本。国人見之曰、此非常人也。乃立為王

〈阿達羅王四年（一五七年）、東海岸に延烏《ヨンウ》郎《ラン》と細烏《セウ》女《ニョ》という夫婦が住んでいた。ある日、延烏が藻を採って帰ろうとすると、一つの岩〔一匹の魚だとも言う〕が延烏を載せて日本に帰ってしまった。そこの国の人々は延烏を見て「常人ではない」と言い、王に奉った〉

「やはり」と思う人がいるかもしれないが、この直後に、編者註が付いている。

按日本帝記、前後無新羅人為王者。此乃辺邑小王而非真王也
〈『日本帝記』で調べてみても、この前後に日本の王になった新羅人はいない。従って、辺境の小王ぐらいのことで、真の王ではない〉

後段は、筋からすると天照大神、年代からすると卑弥呼を連想させて面白い。

細烏恠夫不来、帰尋之。見夫脱鞋。亦上其巌。巌亦負帰如前。其国人驚訝、奏献於王。夫婦相会、立為貴妃。
是時新羅日月無光。日者奏云、日月之精、降在我国、今去日本。故致斯恠。王遣使求二人。
延烏曰、我到此国、天使然也。今何帰乎。雖然朕之妃有所織細綃。以此祭天可矣。仍賜其綃。使人来奏。依其言而祭之、然後日月如旧

〈その妻は夫が戻ってこないのを訝り捜しに出た。すると、夫が脱いだ草鞋が岩の上にあり、岩は再び彼女を載せて日本に帰ってしまった。日本の人々は驚き、王に彼女を差し上げた。こうして夫婦は再会し、王は彼女を妃とした。

この時、新羅では太陽と月が光を失ってしまった。天文観察の役人が言うには「太陽と月の精が我国を去り、日本に行ってしまったために、このような異変になった」。そこで王は使いを出して二人を捜させた。

延烏は「私がこの国に来たのは、天がなしたことだ。今どうして帰られようか。しかし、妃が織った細綃《さいしょう》（上等な絹織物）がある。これを持って帰って天に祭るといいだろう」と言って、細綃をくれた。使いは新羅に戻り、その言葉を伝え、細綃を祭ったところ、太陽と月の光が元に戻った〉

一然の時代にあった『日本帝記』とは、大和朝廷に関する記録だろうから、倭国（北九州）の王が載っていなくても当然――と、一然の史料選びを誤りとする指摘も出よう。しかし「史料選びが間違っていた」として、それでも重要なことは、一然が『三国遺事』を編纂した十三世紀にも、半島から出た人物が倭国あるいは日本で王になったとの伝承は、せいぜい延烏郎説話しかなかったということだ。

一然は「この出来事の前後に日本の王になった新羅人はいない」としている。では、その遥かに前や後なら、「日本の王になった新羅人、あるいは百済や高句麗人がいた」のか。

いたなら――本当かどうかは判らなくても、それらしきことを載せた古文献でもあったなら――「古記によると……」と、一然が書いていない筈がないではないか。

文書としては存在しなくても、説話として伝わっていたら、延烏郎説話と同様に『三国遺事』の〝地の文章〟として、収録していたろう。なぜなら、何度も触れた通り『三国史記』に載っていない古史説話、伝承なら、かなり〝あやふやなもの〟であっても集めて載せる――それが一然の一貫した編集姿勢なのだから。

延烏郎説話は、「細綃を貰って帰り、天に祭ったところ光が元に戻った」ところで事実上の終わりとなっている。つまり、本物の太陽と月の精は、日本に行ったきり。新羅は、その〝抜け殻〟（細綃）で過ごしていたことになる。

延烏郎説話には、記述の上で不思議なことがある。

二世紀の話なのに、地の文章が「倭（国）」ではなく「日本」となっている点だ。

筆写の際に、「倭」が「日本」に書き換えられたのだろうとする研究者が多いようだが、その根拠は定かでない。

むしろ「二世紀の倭」を「日本」に書き改めたのなら、その後の時代に出てくる「倭」もみんな書き改められていなければ不可解だ。ところが、そうはなっていない。紀異篇の中で描かれる「倭国時代」の説話では、ここだけが「日本」なのだ。

物語の舞台は「阿達羅王の時代」であれ、物語そのものが作られたのは、実は倭国が日本と号するようになっていた七世紀中盤以降なのではないか。

終戦から四カ月後に出た「分国論」

倭王あるいは天皇の出自に直結するわけではないが、今日の韓国には、列島に対する独特の偏見に満ちた史観がある。

それを体系化したのは、韓国の歴史家、崔南善《チェナムソン》（一八九〇～一九五七年）だと思う。

彼が終戦直後の一九四五年十二月に上梓した『物語朝鮮の歴史』（山田昌治訳、三一書房、一九八八年。原題は『国民朝鮮歴史』）には〝倭〟について次のようにある（彼が古代日本について語る時は、常に〝倭〟であり、倭国ではない。彼なりの「反日の美学」なのだろう）。

「新羅の海を越えて向こう側に大小のいろんな島があり、昔から海にさまよう種族が棲みついた。また一方、半島と大陸に大きな変動があるときはいつも、避難民が渡ってって住んだ。ここを倭といって、その人を倭奴と呼んだ」

「倭はおそくまで文化が開けず、四方の流寓民が群れをなすように住んだので、わが国から渡った人が、農耕・灌漑・紡績・織組・蚕桑・土器製造・醸造・造餅・碾磑《てんがい》・建築・造瓦・架橋・鑿池・裁縫・画絵・彩色・彫刻・製皮・錬金・器具製造・鷹猟等のあらゆる技術を伝授し、だんだん開明していった」

この一節だけ読んだら、文化・芸術の領域には、もう何も残っていないように思えてしまう。しかし、改めて見れば、造船、漁業、林業、木地加工などは入っていない。「倭はこのように、あらゆるものをわが国からとりいれていった。とくに、鉄・銅・金・銀等をわが国から得ていったので、彼らはふつうわが国のことを『金銀宝国』といったし、また欲を張って盗んでいく話が、日本の神話の頭にすでに出てくる」

はて、「記紀」の頭の部分に「盗んでいく話」などあっただろうか。

「倭の民は、自分たちの種族が朝鮮から渡ってきたと考えて、われわれをまた妣国《ハハノクニ》と呼ぶことがあった。また太古からわが国の人が多く流入して住み、とくに東海（日本海）

の向こう側の、いわゆる山陰地方には新羅の植民地が多く生まれ、その時の遺跡や古物をいたるところで捜すことができる」

北朝鮮の〝戦略的歴史学者〟である金錫亭《キムソギョン》が一九六三年に発表した論文「三韓三国の日本列島内の分国について」（以下、「分国論」とする）は、戦後の《左翼反動》の動きに苛《さいな》まれていた日本の古代史学界に、大きな衝撃を与えたとされている。

「分国論」とは、簡単に言えば――半島の古代三国（新羅、百済、高句麗）は列島内にたくさんの分国や植民地を持っていた。神功皇后の新羅征伐も、倭の五王が宋の皇帝に対して軍事支配圏の認定を要求した百済、新羅なども、実は列島内部にあった分国や植民地のことだった――とするものだ。

これが、当時の日本の史学界から「目から鱗が何枚も落ちる学説」として評価されたらしいが、金錫亭より十八年も前に、崔南善は「分国論」の骨格とも言える説を提起していたのだ。

韓国の家永三郎

崔南善は、この本の「序文」の冒頭に、こう書いている。

「歴史は国民の行動の明鑑（かがみ）であり、また国民の精神の培養士として、国民生活にとって絶対に必要なものである。八・一五の祖国解放は、何よりも韓国民の歴史をすべての残毀《ざんき》（きずつけこわすこと）、壅蔽《ようへい》（ふさいでおおう）、歪曲（事実をゆがめまげる）から救い出し、真のもとの姿を取り戻すようにした。その意義をよく考えて（解放の）価値をたかめなければならない。おおむね正しい歴史をもつということは、国民の生活の出発点であり、進むべき道を示すことであり、また帰着する目標であるからだ」（丸括弧内は、崔南善か訳者か不明）

本文は、荒唐無稽な桓雄の降臨話（いわゆる檀君神話）から始まる。それで、日本の出版元は訳本に『物語――』とのタイトルを付けたのかもしれない。しかし、「序文」の冒頭だけ読んでも明らかだ。崔南善は「物語」を書いているつもりなど毛頭ない。解放された国民に〝半島に関する正しい歴史観〟を示そうとしているのだ。

崔南善は戦前、早稲田大学に留学していた。「三・一独立宣言」の起草者でもある。しかし、この本を書く前は、日本の国策大学である満州建国大学の教授だった。彼が積極的な独立運動家だったとは思えない。「三・一独立宣言」も頼み込まれて起草したという。それで逮捕・投獄されたが、どういうわけか（おそらく早々と転向を表明したのだろうが）、朝鮮総督府の「朝鮮史編修委員会」の委員になった。今西龍は、その当時の彼がどこまでも「檀君神話」に拘っていた事実を記している（『朝鮮史の栞』復刻本、国書刊行会、一九七〇年）。

彼は中枢院（総督府の諮問機関で、戦前日本の枢密院に当たる）の参議を経て、日本が満州に設立した国策大学の教授に転じた。

心から親日派になったのではなかろうが、「日帝支配の一翼を担い、相応の富と名誉を得ていた人物」であることは明らかだ。そうした人物が終戦から四カ月後の一九四五年十二月に、上記のような入門史書を出版したのだ。

「皇国史観の徒」だった筈の家永三郎（当時、東京教育大学教授）が、「歴史教科書裁判」の左翼側ヒーローとなって登場してきた戦後日本史を想い出す。

崔南善は戦後、竹島に関する「間違った由来」を李承晩《イスンマン》政権に吹き込み、その公海不当囲い込み（李承晩ラインの設定＝竹島の不法占拠を含む）にも決定的な役割を演じている（下條正男『竹島は日韓どちらのものか』文春新書、二〇〇四年＝参照）。

「新羅」と「倭」を入れ替えると

崔南善が言う倭に関する部分を要約すれば、①半島や大陸からの逃亡民が倭国を造った、②倭奴は蒙昧で、半島から行った民があらゆる文化文明を教えてやった、③新羅は列島に多数の植民地を持っていた――まさに《対日ＯＩＮＫ史観》だ。

今日の韓国人の多くは、この《対日ＯＩＮＫ史観》に染まっている。しかし、この①～③をよく見れば、すべて『三国史記』や中国の正史が記していることを、逆さまにした内容であることが解る。

「新羅本紀」は冒頭で、初期新羅の中核国民が「朝鮮遺民」（『三国史記』が編纂された時代の「朝鮮」は、楽浪郡や中国東部を指す）だったこと――つまり、中国や楽浪郡からの逃亡者だったことを述べている。その後、新羅の国づくりを指導したのは脱解や瓠公だ。脱解は明らかに多婆那国から追放された人間（卵）として描かれている。

腰に瓢箪をぶら提げて海を渡ってきた瓠公とは――倭国に属した狗邪韓国を迂回して、わざわざ新羅まで行ったとなると――政治的亡命者か、逃亡者だった可能性が強い。

『隋書・新羅伝』は、新羅の金王室について、「百済（馬韓）から海路、新羅に逃げて」と記している。

新羅ばかりではない。高句麗の初代王も扶餘国から逃げてきたと、『魏書・高句麗伝』も『梁書・高句麗伝』も書いている。百済の初代王も、異母兄が扶餘国から高句麗に来ると、異母兄に国を任す形式を取りながらも、事実上、逃亡して新たな国を建てたと、「百済本紀」は書いている。

「逃亡民が造った国」とは、倭国ではなく、新羅であり、高句麗であり、百済なのだ。

農業指導に長けていた倭種の王を「聖人」と崇めたのは新羅の人民であり、新羅も百済も、倭国を〝文化大国〟として「敬仰」していたこと。そして、倭国が半島南部に確固たる基盤を築き、韓族を尻目に早くから漢と直に繋がっていたことは、先に述べた通りだ。

『魏志倭人伝』は「女王国東渡海千余里、復有国、皆倭種」と書いている。しかし、韓族や濊族の国もあるとは書いていない。「韓族や濊族も少数だが居住している」とすらも書いていない。いなかった筈はないが、それは列島に派遣されてきていた中国人使節と、同行した軍兵の目に留まらないほどの存在だったのだ。

『隋書』は、皇帝の使者である裴世清が〝阿蘇山がある俀国〟と、海路その東にある小野妹子が属していた王朝を訪れた時のリポートを載せている。

それによると、筑紫国を出て東に行くと、中国人の国があった。しかし、まさに〝同時代リポート〟というべき裴世清の見聞録にも、列島内の韓族や濊人は全く出てこない。

一方、『魏志倭人伝』は、半島の南端にあった狗邪韓国を「其（倭国）北岸」と記し、『後漢書』は倭奴国を「倭国の極南界」とすることで、半島にも倭地が広がっていたことを示し、「新羅本紀」も新羅より南を事実上、倭地として描いている。

「分国・植民地」を持っていたのは、「新羅が山陰地方に……」ではなく、「倭国が半島に……」なのだ。

国号「日本」は新羅が付けた？

韓国人はしばしば、「日本という名前は、その昔、新羅が付けてやったのだ」と、真顔で話す（井上秀雄は、日本という国号は「百済が付けた」とする）。

初めて聞いた時にはびっくりした。どんな史料に、そんなことが書いてあるのか。

これも、崔南善が書いていた。

「はじめはヤマトがそのまま国名となり、久しくそれを使っていたが、新羅で日本と呼んだことがあってから、だんだんこの名まえを使うのを好み、ついに国の正式名となった」（前掲書）。

「新羅本紀」は、こう記している。

文武王十年（六七〇年）十二月……倭国更号日本。自言近日所出、以為名

〈倭国、日本と号を更《あらた》める。自ら言う。「日出る所に近し。以って名と為す」と〉

まさに簡明。倭に関しても、日本に関しても、列島にある国の号の由来については、この一件のみ。それも「自ら言う」なのだ。

即ち、十二世紀に、金富軾の下に多数の史官（王への上進書にある名前だけで史官が八人、校閲者が二人）が参画して、当時あった先行史料を吟味し編纂した「王朝の正史」には〝新羅が日本と名付けた〟〝新羅が初めに倭を日本と呼んだ〟あるいは〝百済が日本と名付けた〟と屁理屈を付けられるような材料の一片すらない。

「日本とは、新羅が付けてやった国号」であることが事実なら――事実かどうかは解らないが、先行史書の一冊にでも、その種の記述があったのなら――隣国の国号を決めてやったという〝名誉ある歴史〟を、どうして一国の正史が記さない筈があろうか。

「国号を付けてやった」事実、あるいは、そう類推できる伝承があるのに、「倭国、日本と号を更める。自ら言う」だけの記述で済ませたのなら、国王に対して虚偽を上進したことにさえなる。

「新羅本紀」に出てくる国号に関する事実で言えば、「鶏林」という新羅の古い国号を決めたのが、倭種の脱解王だったことだ。

『三国遺事』にも、新羅が日本と名付けたというような記述は全くない。

しかし、親日派の一翼を担っていた歴史家が、戦後数カ月で書き上げた反日歴史書には、何の典拠も示さないまま、「新羅で日本と呼んだことがあってから……ついに国の正式名となった」とある。

これは最早、どちらが正しいかの問題ではない。どうして崔南善は、こんなウソを書いたのか、歴史を捏造したのかという問題だ。

『物語朝鮮の歴史』は高麗から李氏朝鮮への移行について、こう記している。

「（クーデターに成功して高麗の実権を握った後の）李氏は、国内では自己に害になる人物を追い出し、国外では明の歓心を買い、数年間にすべての準備がととのうと、新しい王の譲《ヤン》王四年（一三九二）、つまり今から約五五〇年前に最後の反対派である大物の鄭夢周《チョンムンヂゥ》を暗殺して、七月に群臣推戴の形式によって李成桂《イソンゲ》が王位にのぼり、前主を退位させたがまだ国号を高麗と称していた。囲号は、翌年になりはじめて朝鮮と直した」（囲号＝国号の誤植と思われる）

この李王朝の始祖に関する記述の〝冷たさ〟。これは、崔南善が李成桂を実は異民族（女真族）と思っていたからではあるまいか。

『物語朝鮮の歴史』が、高麗から李氏朝鮮への移行に関して記している内容は事実としても、書いていないことがある。

「国号は和寧《ファニョン》（永興《ヨンフン》ともいう）がいいか、朝鮮がいいか」と、明の洪武帝にお伺いを立て、朝鮮と決めてもらった事実だ。

国号を隣国に決めてもらったのは、日本が新羅からではなく、李氏朝鮮が明国からなのだ。

崔南善が論述した《対日ＯＩＮＫ史観》とは、古史書にある「半島の恥辱↕列島の栄誉」の箇所について、「半島」と「列島」を入れ替えて作り上げた内容ともいえる。つまり、崔南善は〝自らの恥辱の歴史〟は語らないまま、振り向きざま自らの恥辱の内容を日本に投げつけたのだ。

半島で融解した倭人・倭種

ところで、半島南部にいた倭人・倭種は、その後どうなったのだろうか。

半島南部の倭人はそもそも多数派ではなかった。『三国志・韓伝』が「国出鉄、韓、濊、倭皆従取之」と記していることからも明らかなように、人口比率は韓族、濊族に続く三番目だったと理解できる。

混血が進んでいくのは当然だ。異民族との婚姻が続けば、元の血は二代目で二分の一になり、三代目で四分の一、四代目で八分の一、五代目で十六分の一と、逓減していく。四百年十五代とすると……計算するのも馬鹿らしい。新羅の南にいた倭人・倭種は、新羅の倭種王と同様に、急速に「韓族化」していった筈だ。

それに伴い、列島の倭人と、半島南部で倭国の傘下にいる「韓族化した倭人・倭種」との間では、意思疎通に様々な齟齬が生じたことだろう。

高句麗の国力低下が、新羅の国力向上に繋がった。そして、百済による倭・任那分断の策謀、新羅の圧力、さらには列島から半島に派遣された将軍が新羅に誑かされ任那を討つような失策が重なって、半島南部の倭地は百済と新羅に併合されていく。

そして、磐井の乱（五二七年）からほどない五三二年には、ついに金官国（狗邪韓国の後身）が新羅に帰伏する。金官国の王族・廷臣が、そのまま新羅の貴族・将軍や廷臣に転じられたのも、彼らが〝ほとんど完璧なまでに韓族化〟していたからだろう。

白村江の戦い（六六三年）で倭国が一敗地に塗れた後、〝ほとんど完璧なまでに韓族化〟していた半島南部の倭人・倭種は、民族的な矛盾なしに「韓族の一員」として呑み込まれていくのだ。民族の融解だ。

江原道にいた濊族・貊族も新羅の勢力圏に入るや、韓族化して存在性を失う。『三国史記』は濊族・貊族についても、半島南部にいた倭人・倭種についても、呑み込んで融解してしまった民族に関しては、そうした民族がどうなったか、何も書いていない。

終章　皇国史観排除で歪められたもの

明確な「左」でも糾弾された

新羅の四代目の王は、列島から流れていった人間だ――実は、これは日本で近代的な朝鮮史研究が始まるや、すぐに唱えられた説だ。従って「先刻承知のこと」と思った高齢の古代史マニアも少なくないと思う。

その地に残る最古の史書から読み始めるのは、歴史研究の常道だ。明治時代の研究者の多くは、『三国史記』の第一巻（新羅本紀）を読み始めるや、「ここに出てくる脱解とは倭人だ」と思ったに違いない。

しかし、どの研究者も、多婆那国を熊本県玉名市、但馬国、あるいは丹波国に比定した程度で、深入りしなかった。脱解以降の倭種王については、考察された形跡が殆んどない（ただし、岩本善文は、「多婆那国とは但馬国の訛音」であり「脱解は天日槍の子供」として、独自の推理を展開した）。

「日本の近代朝鮮史研究の祖」と言われる今西龍も、「倭人なりしこと疑なし」とはしたものの、それ以上に踏み込む時間的余裕はなかったのだろう。

そもそも、戦前の朝鮮史研究者は少数だった。おそらく、彼らの時代は個別の事例に踏み込む前に、『三国史記』『三国遺事』、あるいは『高麗史』『高麗史節要』などの古い写本をいくつも突き合わせて校訂し、「統一された研究ベース」を作成するのに忙殺されていたのだろう。

戦後も日本の朝鮮史研究者はマイナーな存在だが、彼らは「統一された研究ベース」を容易に手にできた。校訂された『三国史記』『三国遺事』などの活字本だ。

ところが、戦後日本の史学界全体が《左翼反動》の嵐に曝されていた。

一口で言えば、「戦前の歴史研究はすべて皇国史観だから、そこから脱却すべきだ」という日本版紅衛兵による文化大革命だ。その時代にいう「皇国史観からの脱却」とは、ほとんど「マルクス主義史観への没入」と同義だった。

この傾向は、朝鮮史学の部門では特に強かったようだ。

例えば、梶村秀樹（神奈川大学助教授）は、『朝鮮史』（講談社現代新書、一九七七年）の序章「私にとっての朝鮮史」の中で、「一在日朝鮮人生徒の私たち（筆者註＝日本朝鮮研究所員）への糾弾の言葉は、まだ耳に焼きついている」と述べている。

梶村のような「左」の立場であることが明確な研究者すら、その著作に関して在日朝鮮人の糾弾を受けていたわけだ。

梶村は続けて、こう書いている。

「朝鮮人研究者の所説に説得的なものが多いが故に、その多くを受け入れているが、それは私が主体的に受け入れたものである」

これぞ〝語るに落ちたり〟ではないのか。

推理作家から古代史作家に転身した黒岩重吾が述懐している。

「一九七〇年代、いまから二十年ぐらい前は、任那という言葉を口にするのさえはばかられるような雰囲気でした」

「つまり、任那に倭人がいたとする説でさえ皇国史観と非難され、なにか重戦車で押し潰すような雰囲気が一時、あったわけです」（『古代史を読み直す』ＰＨＰ文庫、二〇〇四年＝

『古代浪漫紀行』講談社文庫、九三年の加筆修正本）

今日の日本で、朝鮮史研究の最高権威とされる井上秀雄は述べている。

「（朝鮮戦争の勃発など、戦後日本の混乱の中で）私が動揺を繰り返しながらも研究を続けることのできたのは、三品彰英氏をはじめ、いわゆる日帝御用学者の分類に入れられるかもしれない諸先生たちの、真摯な反省と研究に対する情熱に、惹かれたためであろう……このような体験を持つ私は、戦前の研究を非難する立場にないことを自覚している」（『倭・倭人・倭国』人文書院、一九九一年）

井上は、その文脈の後、極めて興味深い話を展開する。

「朝鮮史に対する真面目な要求が、朝鮮史に関心を持つ真面目な研究者をおそれさせ、朝鮮史の研究を断念させていくのではないかと心配する」（実際に離れてしまった研究者の例も出している）

「（外部からの要求が）大きく現れてくるのは、現実の朝鮮への関心が深く強烈だからだと思います」

「要求の正当さや強烈さに負けて、迎合的な応えをするのは、はるかに大きな害毒を社会に流すのではないか」

井上の話は、どこまでも漠としているが、朝鮮史の真面目な研究者を恐れさせ、朝鮮史の研究を断念させていくほどの〝朝鮮史に対する真面目な要求〟を、しばしば突き付けられ困惑していることは解る。それは、具体的に何を指すのか。それは、誰により、どんな形で、もたらされたのか。

井上自身は『古代朝鮮』（日本放送出版協会、一九七二年）の中で「薩水の大捷」について、以下のように書いている。

「（乙支文徳は）隋軍の食糧が少ないとみると、王城をへだたる三十里（約十二キロ）まで隋軍を引きいれ、巧みな戦術によって徹底的な攻撃を加え、隋軍で再び鴨緑江を越えて逃げ帰った者わずか二千七百といわれている」

初めから騙す目的の降伏申し入れが「巧みな戦術」であり、川に差しかかったのを見計らっての背後からの襲撃が、ただの「徹底的な攻撃」であり……韓国教員大学の歴史学科の教授たちも失笑したのではなかろうか。

「要求の正当さや強烈さに負けて、迎合的な応えをするのは、はるかに大きな害毒を社会に流すのではないか」とは、こうした記述に対する自己批判なのだろうか。

ともかく、そんな雰囲気だったからだろう。戦後日本の朝鮮史学者たちは、およそ脱解にも、「昔」王室にも、瓠公にも触れないように活動してきたのだと推察される。「任那に倭人がいた」と言うことさえ、「皇国史観」として憚られる。となると、「新羅では倭種が王位に即いて……」など、冗談でも言えなかったのだろう。糾弾を受け、〝真面目な要求〟に怖れおののき、「任那に倭人がいた」と言うことでさえ憚られるような雰囲気の中で、戦後日本の朝鮮史学者が出してきた「任那（日本府）否定論」は、本当に〝純学術的な研究成果〟なのだろうか。

北の権威も、南の超夢想派も

ところが、日本の研究者が脱解や多婆那国を「タブー視」して触れないようにしてきたのに、半島側が言い始めたのだから皮肉なものだ。

いや日本側では触れないどころか、三品彰英、井上秀雄らが『三国遺事考証（上）』（塙書房、一九七五年）をまとめ、「龍城国（多婆那国）とは、西域の小国」とする見解を打ち出したりもした。

その見解は『魏書』帝紀第八・永平元年（五〇八年）の条に、「多婆那国」という国号が西域諸国とともに出てくることを最大の根拠にしている。

しかし、今日の中国語サイトで『魏書』を見れば、どうか—中国、台湾、香港、どのサイトも「永平元年……比羅、阿夷義多、婆那伽、伽師達、于闐諸国並遣使朝献」となっている。

原文は句読点がないから解読が難しいが、「多婆那」で括ると、次の国名は同じ「伽」字が続いてしまう。やはり、「阿夷義多、婆那伽、伽師達」が正しいのだろう。

ともあれ、日本側がこうした〝努力〟をしている時、北朝鮮の金錫亨は既に『古代朝日関係史』（朝鮮史研究会訳、勁草書房、一九六九年）の中で「（三韓の分国である）多婆那国がどこにあったのか、筆者は未だこれを出雲地方に探し出せないでいる。しかしそれがこの地方と関連のある地帯であったろうことは言いうる」と述べていた。

おそらく、北朝鮮の歴史学者たちも、「新羅本紀」あるいは『三国遺事』の記述を見れば、多婆那国が列島にあったことは認めざるを得ないとの結論に達したのだろう。しかし、それを三韓の分国だったとしてしまえば、何の問題もない。

「共和国の偉大な歴史学者」が、ここまで明言してくれているのに、日本側の反応は依然として鈍いまま続いている。

僅かに上垣外憲一が『倭人と韓人』（前掲）の中で、脱解の出身地を丹波地方の「玉の産地」と見立てた。日本の朝鮮史学者としては珍しい例のように思う人もいるかもしれない。しかし実は、彼の論理そのものが「分国論」を基礎としている。

そうした中で、韓国の《超夢想的朝鮮民族絶対主義史観》は今、多婆那国について、高句麗の伝説上の始祖である朱蒙の扶餘国からの脱走に同行して高句麗の重臣となった陜父《ヒョップ》が、二代王と対立して倭国に逃げ、熊本県玉名に建てた日本で最初の国家と言い始めた。即ち、その国から半島に戻った王子こそ脱解だというのだ。

「高句麗本紀」は、陜父が王に諫言したところ、農園の管理者に左遷されたため、「南韓に逃げた」と記している。それだけだ。

ところが、「南韓に逃げた」→「日本まで行った」と何の根拠もなく展開させるばかりか、日本の〝皇国史観の徒〟が述べた「多婆那国＝玉名」説に結合させる。《超夢想的朝鮮民族絶対主義史観》は〝元祖〟申采浩の手法を引き継いでいる。即ち、史料の都合の良い尻尾に喰いつき、まさに「超夢想的」に展開させ組み立てていく。

ともかく超夢想派も、「多婆那国は列島にあった」ことまでは認めているのだ。

○韓国の『高等学校国定国史』も、「（新羅が建国された後）東海岸に入ってきた昔脱解集団が登場し、朴、昔、金の三姓が交代で王位を占めた」と記述している。○

「集団」とした根拠資料が何なのかは定かでないが、『国定国史』がここまで書いているのだ。「どこから東海岸に入ってきたのか」を、日本の史学者が研究して、どこが悪い――私はそう思うが、日本の朝鮮史学界は沈黙のままのようだ。

「はやりました」の背後には

『隋書・俀国伝』にある「新羅、百済皆以俀為大国、多珍物、並敬仰之、恒通使往来」は、なぜ日本の朝鮮史学者に無視されてきたのだろうか。

想像するに、この記述を史実と認めたら、戦後日本の朝鮮史学界が一貫して保ってきた「自虐的関係史観」――即ち、倭人は殆んどあらゆることを半島の民から学んで……と始まる史観（「お言葉」に象徴される対半島観）が土台から崩壊してしまうからだろう。

黒岩重吾は「戦後、皇国史観を排除するために、日本よりも朝鮮半島のほうがすべて優れているという説がはやりました。ぼくも二十年前ごろ（筆者註＝七〇年代初め）は、そんなふうに考えた」（前掲書）とも述懐しているが、〝はやりました〟の背後には、「はやらせた組織」が活動していたとは思い至らなかったのだろうか。

隣国との関係史は、隣国を知る上でも、自国を知る上でも重要だ。

それが、大声を出す暴力的な集団の圧力や、隣国との政治的妥協や配慮、あるいは研究者の個人的（自虐）嗜好などによって歪められることがあってはならないのだ。

あとがき

私が初めて書いた本は『「韓国人」の経済学』（ダイヤモンド社、一九八七年）だ。五年間のソウル特派員を終えて帰国した後のことだった。

当時はまだ、「韓国＝昇龍論」が、日本社会を勢いよく闊歩していた。それは「勤勉な韓国人によりもたらされた昇龍のような勢いの韓国経済が日本を抜き去るのは時間の問題だ」といった〝お話〟だった。こんな〝出鱈目なお話〟に、日本人が染められていくのは、断固として阻止しなくてはいけない――そんな思いで書いた。

「ためにする反韓の書」などと、いろいろ言う人がいたが、案の定、韓国は国家経済破綻に陥り、国際通貨基金（ＩＭＦ）に駆け込んだ。

その本で書いたのは、①韓国人は儒教に染まり切っているので、「額に汗して働くこと」を蔑視しているから、まともな工業製品はできない、②その国の経済は統計数値を誤魔化しているので表面はピカピカだが、実は「外華内貧」だ――といったことだ。

今となれば韓国通の常識だが、当時は外務省の局長まで「この本を書いた時事通信の記者はバカか」と夜回りした記者に語ったそうだ。某全国紙記者が教えてくれた。

その暫く後、超高額情報誌に「日本の暴力団員・看板右翼団体所属員の三割は在日韓国・朝鮮人であり、北で作られた麻薬が、彼らにより日本で売りさばかれている」との記事を送った。もちろん、確実な筋から得た情報に基づく記事だった。

が、その編集責任者は「いくらネタがないからといって、こんなウソを書いてはいけませんよ」と嘲笑《あざわら》い、原稿はボツになった。こういう「常識的判断」ができる人――いや、……しかできない人が大出世するから、日本からは「独創」が出ないのだろう。

ともあれ、前述の内容も今や、北の不審船撃沈事件や、元公安調査庁幹部の講演、日本の大手暴力団組長の証言などで、情報通の間では〝常識〟に属するところになった。

この本に書いた内容も、自らの頭を「通説と常識」で塗り固めている人々には受け入れがたいに違いない。それでも、「通説と常識」を疑う心を持つ読者なら、この〝非常識な論述内容〟を頭の隅に置いてくれるのではないか――そんな思いで書いた。

当初の原稿は、仮題『戦後日本の朝鮮史学（者）を告発する』で、量は二倍ほどあった。「こんな恐ろしいタイトルでは……」「そもそも半島古代史とは、殆んど、日本人が知らないことです」と助言してくれた新潮社の伊藤幸人広報宣伝部長、後藤裕二編集長、内田浩平編集部員に感謝する。

そうした助言を受け、最初の原稿の上澄みを掬《すく》い取ったのが、この本だ。

最後になるが、私の思い違い、無数の引用ミス、変換ミスなどを、原文と丹念に照合した上で、指摘してくださった校閲の方々に、心からのお礼を申し上げたい。

二〇一〇年二月

室谷克実

室谷克実　1949（昭和24）年東京都生まれ。慶應義塾大学法学部卒業。時事通信社入社。政治部、ソウル特派員、「時事評論」編集長などを経て、2009年定年退社。別に筆名・西原勝洋。

Ⓢ新潮新書

360

日韓《にっかん》がタブーにする半島《はんとう》の歴史《れきし》

著　者　室谷克実《むろたにかつみ》

2010年4月20日　発行
2010年12月5日　15刷

発行者　佐藤隆信

発行所　株式会社新潮社

〒162-8711　東京都新宿区矢来町71番地
編集部(03)3266-5430　読者係(03)3266-5111
http://www.shinchosha.co.jp

図版製作　ブリュッケ

印刷所　錦明印刷株式会社

製本所　錦明印刷株式会社

ISBN978-4-10-610360-5　C0222

価格はカバーに表示してあります。